D BAY
SEASONIN
For Seafo

# cookin'

Collection Rolf Heyne

Constance Borde   Sheila Malovany-Chevallier   Christine Fleurent

# cookin'

Mit 85 klassischen Rezepten
durch Amerika

Collection Rolf Heyne

# Inhalt

## Start zum Streifzug durch die amerikanische Küche

In ihrer kulinarischen Kultur machen die USA ihrem Nimbus als *melting pot* alle Ehre. Keine andere Länderküche vereint so viele ethnische Einflüsse in sich wie die amerikanische Küche. Geprägt wird sie von dem einzigartigen multikulturellen Reichtum der Bevölkerung dieses klassischen Einwanderungslandes. So besitzt diese Küche einerseits unverwechselbare traditionelle, bodenständige Züge, andererseits integriert sie – vor allem seit den 1950er Jahren – die kühnsten innovativen Kochideen. Hinzu kommt die überwältigende geographische Vielfalt des riesigen Landes. Aus all diesen wundervollen Zutaten formte sich die faszinierende moderne amerikanische Küche.

### Ein einmaliger melting pot

Als die Pilgerväter 1620 in Neuengland landeten, trafen sie auf Einheimische, die über eine facettenreiche kulinarische Tradition verfügten. Die Indianer legten den Grundstein für die moderne amerikanische Küche, indem sie den ersten Siedlern ihr ganzes Know-how über die Erzeugnisse ihrer Heimat vermittelten.

Gemüse wie Mais, Kürbis, Paprika oder Tomate kamen den Neuankömmlingen eigenartig und fremd vor, genauso wie einige Geflügelarten, zum Beispiel der Truthahn. Doch sie lernten rasch, sich der Kenntnisse und Methoden der Indianer zu bedienen. Neben dem Bewässern und Terrassieren von Hängen, den Befruchtungs- und Kreuzungsmethoden brachten ihnen die Indianer auch das Trocknen und Lagern von Mais sowie dessen Verarbeitung zu Brot und Speisen bei.

Die Puritaner, die in der Neuen Welt religiöse Freiheit suchten, gestalteten ihr Leben ähnlich wie in der Alten. Sie lebten schlicht, nach strengen Regeln und verzichteten auf jeglichen Luxus. Ihre Küche spiegelte diese Einstellung wider – sie war einfach, ohne Raffinesse. Bis heute finden sich die Spuren der Puritaner in der amerikanischen Küche.

Fast alle nachfolgenden Einwanderer übernahmen die Küche der ersten englischen und niederländischen Siedler, bereicherten sie aber durch ihre eigenen Koch- und Essgewohnheiten.

Ein wahres Völkergemisch suchte sein Glück jenseits des Atlantiks, darunter spanische Konquistadoren, Franzosen, die den Religionskriegen und der französischen Revolution entflohen, sowie Franzosen aus Kanada. Aus Afrika holte man Sklaven ins Land. Der Einwandererstrom riss nicht ab; es kamen Deutsche, Portugiesen, Italiener, Griechen, Iren, Basken, Juden, Russen, Armenier, Skandinavier, Chinesen, Japaner und in jüngster Zeit Vietnamesen, Koreaner und Lateinamerikaner. Aus dieser Völkermixtur erwuchs eine erstaunliche, lebendige kulinarische Kultur. Die klangvollen Namen der regionalen Küchen sprechen Bände: Cajun, kreolisch, *mexamerica*, *fusion* oder Neuengland. Weitere werden ganz sicher folgen!

### Regionen und heimische Produkte

Neben den multi-ethnischen Einflüssen prägt die Vielfalt der heimischen Erzeugnisse das Spektrum der amerikanischen Küche. Nahezu jede Region wartet voller Stolz mit einer eigenen Küche auf, in der

OBEN UND GEGENÜBER
*Die Pilgerväter lernten viele neue Beerensorten kennen und schätzen. Für sehr viele Rezepte verwendet man Heidelbeeren und vor allem die leuchtend roten* cranberries, *die einen besonderen Ehrenplatz in der amerikanischen kulinarischen Tradition haben, insbesondere an Thanksgiving*

die regionalen Produkte des Bodens und des Meeres im Mittelpunkt stehen: blauer Mais und Chilischoten in New Mexico; Zuckerrohr, Sassafras, *crawfish* (Krebse) und Reis in Louisiana; Schinken und Ananas in Virginia oder South Carolina; Heidelbeeren, *cranberries*, Venusmuscheln und Hummer in Massachusetts; Ahornsirup in Vermont; *Dungeness* oder *fiddlehead crabs* (Krabben) im Staat Washington.

OBEN
*Chinesische Tradition in Chinatown, Räucherfisch im typischen* deli *und Parmesan in einer* trattoria *in Little Italy* – Come and see – *die Metropole New York lädt zu einer zauberhaften kulinarischen Reise um die Welt ein!*

Trotz der großen Vielfalt an regionalen Produkten lässt sich eine anschauliche Landkarte zeichnen, die das riesige Land in sechs kulinarische Regionen einteilt. Dieses Buch folgt diesem Wegweiser und lädt Sie zu einer verführerischen Tour ein, zu einer Reise durch die amerikanische Küche mit all ihren köstlichen Aromen und delikaten Genüssen.

### EINE KULINARISCHE IDENTITÄT

Im Lauf der Jahrhunderte hat sich die amerikanische Küche zwar ständig fortentwickelt. Doch die geradezu revolutionären Veränderungen begannen erst in den 1950er Jahren. Heutzutage zeugen eine Fülle von neuen Küchenchefs und Spitzenköchen, modernen Kochbüchern, TV-Kochsendungen, Hightech-Küchenmaschinen und Restaurants mit internationalem Renommee von der Reife der amerikanischen Küchen – auch wenn dieser Status erst vor kurzem erreicht wurde.

Um 1900 stellte der französische Gastronom Henri Babinski (Autor der »Encyclopédie de la gastronomie pratique«) fest: »Die Mehrheit der Amerikaner nimmt sich nicht einmal genug Zeit zum Kauen ... kein Wunder, dass sie die größten Schwierigkeiten haben, irgendeine Art von Kochkunst zu schaffen.«

Die amerikanische Küche befand sich in der ersten Hälfte des 20. Jahrhunderts tatsächlich in einem recht jämmerlichen Zustand. Und das in einem Land, das mit einer gigantischen Fülle an landwirtschaftlichen Produkten und einem grundsoliden Erbteil an Kochtradition gesegnet war. Vermutlich blieb durch die um sich greifende Industrialisierung, die das Land an die Spitze der modernen Welt führte, wenig kreativer Raum für die Kochkunst. Angesichts des rasenden Pulses der Technisierung musste die Ernährung der arbeitenden Masse Mensch schnell, preisgünstig und problemlos zu erledigen sein. Zeitmangel, Hektik und das zunehmende Verschwinden von Dienstboten trugen zum Wandel der Essgewohnheiten bei.

Einen erheblichen Beitrag zum »kulinarischen Verfall« leisteten auch die landwirtschaftliche Massenproduktion, das Vordringen der riesigen Supermärkte, die Erfindung der Konservierung in Dosen und die Entwicklung der Tiefkühlkost, der Einsatz chemischer Konservierungsmittel und Geschmacksverstärker. Den entscheidenden Punkt setzte letztlich das allgemeine Desinteresse an einer Küche, die viel Zeit kostete. Alles in allem führte in einem Land, in dem die Maxime *time is money* gilt, zu einer langweiligen und geschmacklosen Küche. Genauer gesagt: zu einer ziemlich ungesunden Küche, in der Fett und anderes Kalorienreiches im Kochtopf herrschten.

Zwei tatkräftige, kreative Frauen veränderten diesen traurige Zustand: 1961 schrieb Julia Child – zusammen mit den beiden Französinnen Louisette Bertholle und Simone Beck – das Werk, das den Amerikanern wieder die gutbürgerliche Kochkunst, die zu Hause zubereitet wird, näher brachte. »Mastering the Art of French Cooking« war eine wahre Revolution, da es Kochwissen und -methoden vermittelte, die ein gutes, schmackhaftes nährstoffreiches Essen ermöglichten. In den 1960er Jahren waren die Amerikaner für einen derartigen gravierenden Wandel bereit. Eine zunehmend kosmopolitisch orientierte Gesellschaft begann, Europa und seinen Lebensstil aufs Neue zu entdecken. Es folgte ein kulinarischer Boom, dem die USA heute eine Küche verdanken, auf die sie stolz sein können.

Einige Zeit nach Julia Child setzte die zweite Frau, Alice Waters, 1968 in Kalifornien eine weitere Revolution in Gang. Dieses Mal lag der Schwerpunkt auf den Zutaten. Alice Waters wollte ihren Landsleuten wieder nahe bringen, sich sowohl von biologisch gezogenen Produkten als auch saisongemäß zu ernähren. »Die Essgewohnheiten«, sagte sie, »verändern die Gesellschaft und schlechtes Essen zerstört zwangsläufig die Umwelt, aber auch die sozialen Beziehungen.«

Ihre für die damalige Zeit höchst radikalen Ideen haben trotz vieler Widerstände nachhaltig Wurzeln geschlagen und sind gewachsen. Heute ist die Bewegung für gesunde, ökologisch erzeugte Lebensmittel keine Randerscheinung mehr, sondern ein gewinnträchtiger Faktor der amerikanischen Wirtschaft.

Im 21. Jahrhundert ähnelt die amerikanische Küche wieder der Neuen Welt; das Spektrum reicht von kräftig bis fein bis hin zu schlicht bis raffiniert – sie ist eine bezaubernde Mixtur aus Modernität

LINKS UND OBEN

*Einige Spezialitäten der Ostküste: Aus Maine, im Norden von Neuengland, kommt der* clambake *(Hummer), der traditionell im Freien auf einer Maisschicht und in Algen gegart wird.*
*Zwei Spezialitäten aus Louisiana sind der erfrischende* hurricane, *ein traditioneller Rum-Cocktail, und* po' boy, *ein stattliches Sandwich »mit allem«, das hier in Rot angepriesen wird.*

und Originalität. Dank dieser Bandbreite und dieser kulinarischen Kontraste gibt es nun einen typischen und echt amerikanischen Stil, *Made in USA* im besten Sinn.

KÜCHENCHEFS UND GEOGRAPHIE

Die Küchenchefs des 20. Jahrhunderts haben – vor allem in der zweiten Hälfte – die amerikanische Küche um viele Neuheiten bereichert. Viele kamen aus allen

OBEN
*Mit Maßlöffeln wie diesen wird beispielsweise das* baking soda *(Natron) abgemessen; es ist wichtige Zutat beim Backen von Kuchen. Ein Belag aus Tomaten und Mozzarella ergibt ein einfaches, aber köstliches Sandwich. Dieser* diner *mit der Theke und den Hockern ist ein amerikanischer Klassiker. Die einfachen Speiselokale findet man überall in den USA.*

möglichen Teilen der Welt und brachten innovative Ideen mit. Vor allem die Köche und Köchinnen der in jüngster Zeit zugewanderten Nationalitäten kreierten neue, faszinierende Köstlichkeiten, ohne die amerikanischen Kochtraditionen zu vernachlässigen. Sanft modernisierten sie die klassischen Rezepte, die den Charakter der amerikanischen Küche prägen.

Die Umformung regionaler Rezepte für die moderne Küche liefert oft erstaunliche, originelle und hoch geschätzte Ergebnisse. Regionale Gerichte wie *cornbread* (Maisbrot) oder *chili con carne* werden heute exportiert, reisen von Region zu Region, verändern sich auf jeder Etappe ein wenig und werden in unendlich vielen fantasievollen Variationen mit den jeweiligen regionalen Produkten zubereitet.

Trotz allem bewahrt jede Region ihre Eigenheiten. Man muss nur mal durch das kulinarische Angebot von New Orleans spazieren. Es unterscheidet sich gewaltig von dem in Neuengland oder Kalifornien. Überall jedoch trifft man auf Tradition und Innovation, beides Leitmotive einer Küche, die sich immer noch in der Entwicklung befindet – manchmal widersprüchlich, ein anderes Mal mit zu viel Tradition und zu wenig Innovation und mitunter genau umgekehrt.

GOOD MORNING, AMERICA!

Eines vereint alle Amerikaner – *breakfast*, das Frühstück! Diese Mahlzeit – ein Thema mit interessanten Variationen – wird zu Hause eingenommen, im *Diner*, *Coffee Shop*, Büro oder mitunter sogar auf der Straße. Manche Leute frühstücken zweimal: gleich nach dem Aufwachen und noch einmal im Lauf des Vormittags.

Eine amerikanische Frühstückskarte bietet eine reiche Auswahl: Orangen- oder Grapefruitsaft, frische Früchte, oft mit Granola, Cerealien oder Joghurt. Die Cerealien nehmen eine Sonderstellung ein, kalt wie *cornflakes* oder warm wie *porridge*. *Bacon and eggs* (Eier mit Speck) sind fast schon ein Muss. Ganz Wagemutige fügen gern auch noch *hash browns* (Bratkartoffeln) oder sogar ein Steak hinzu. Auch *pancakes* mit Butter und Ahornsirup gehören zu den Favoriten.

Beim Brot hat man die Wahl zwischen den unterschiedlichsten Broten (Weiß-, Roggen-, Mehrkornbrot etc.) und natürlich *cornbread* (Maisbrot) oder *bagels*, mit *cream cheese* (Frischkäse) und Räucherlachs. Manche futtern Muffins zum Frühstück: mit wenig Zucker, mit *blueberries* (Heidelbeeren), mit Zitrone, mit Äpfeln ... Viele Amerikaner beginnen ihren Arbeitstag mit einem Doughnut, einer Art Krapfen mit Loch, den es mit diversen Konfitüren, gezuckert oder glasiert gibt.

Bevorzugtes Getränk ist der Kaffee. Manche mögen ihn auf italienische Art, doch auch der typisch amerikanische

Kaffee, schwarz, mit Milch oder Sahne, erfreut sich großer Beliebtheit. Man trinkt ihn den ganzen Tag über aus *mugs* (Keramikbechern) oder Einwegbechern. Ob in der Kaffeepause im Büro oder mit Freunden, man versammelt sich bei einer Tasse Kaffee. Das *breakfast* stärkt, ist aber auch eine hoch geschätzte Gelegenheit für Kontakte. Brisante Geschäftsgespräche werden beim *power breakfast* geführt. Jeder Amerikaner hat seinen Lieblings-Coffee-Shop und seine festen Gewohnheiten für diesen wichtigen Moment des Tages.

So lässt sich, wenigstens teilweise, erklären, weshalb die Amerikaner, die ihr Frühstück so sehr lieben, es praktisch bis zum Mittagessen verlängert haben! Es wird zum Brunch und rutscht unmerklich immer weiter in den Tag hinein. Doch das ist eine andere Geschichte ...

UNTEN
*Gegenstände, die auf keinem Tisch eines* diner *oder* coffee shop *fehlen dürfen.*

# Neuengland

## Reiches Meer, gesegneter Boden

Sechs Bundesstaaten bilden das heutige Neuengland: Connecticut, New Hampshire, Maine, Vermont, Massachusetts und Rhode Island. Vier dieser Staaten gehörten zu den 13 Kolonien, die 1776 die Vereinigten Staaten gründeten. Maine und Massachusetts, zunächst nur ein Staat, trennten sich in der Folge voneinander, Vermont wurde später der vierzehnte Bundesstaat.

OBEN
*Die rustikalen Schilder von Restaurants und Imbissständen weisen auf Gerichte mit den berühmtesten Produkten Neuenglands hin.*

Dank seiner Häfen (Boston, Cape Cod, Newport) ist Neuengland seit dem 18. Jahrhundert ein wichtiger Handelsknotenpunkt. Auf seinem fruchtbaren Boden wachsen Obst und Feldfrüchte von guter Qualität und in großer Vielfalt. Überfluss scheint für Neuengland typisch zu sein: der tägliche Fang an Hummer und allen möglichen Fischarten aus dem Atlantik; die großen kulinarischen Feste, wie Thanksgiving, das in dieser Region entstand und bei dem man die Nahrung spendende Erde ehrt.

Auch das Klima mit seinem harmonischen Wechsel der Jahreszeiten meint es gut mit Mensch und Natur: regnerischer, dann sonniger Frühling, heißer Sommer, trockener Herbst und kalter Winter.

Das Wasser (das Meer), die Erde (der fruchtbare Boden) und die Luft (das günstige Klima) bilden die drei elementaren Säulen und die Quellen der Üppigkeit dieser Region. All diese Faktoren formen seit Jahrhunderten die Lebensweise der Bewohner dieser kleinen Region im Nordosten der USA.

In diesem von der Natur gesegneten Umfeld begründeten die ersten englischen Siedler eine kulinarische Tradition, die auf eigenen Überlieferungen und den Einflüssen der regionalen indianischen Kultur basierte. In diesem besonderen kulturellen und geschichtlichen Rahmen entwickelte sich die markante Küche Neuenglands.

### Die Küche der Pilgerväter

Laut Charles Joseph Latrobe (1836) »muss der Reisende insbesondere auf seine Verdauung achten, wenn er die raffinierten kulinarischen Spezialitäten der Mädchen und Frauen Neuenglands zu sich nimmt. Man muss sich fragen, ob die Pilgerväter nicht bei der Landung unter einem Arm das Kochbuch und unter dem anderen die Bibel trugen!«

Viele Kolonisten des 17. und 18. Jahrhunderts kamen in die Neue Welt, weil sie die religiöse Freiheit im gelobten, mit Reichtümern gesegneten Land suchten. Doch die ersten Siedler mussten zunächst einmal schwere Prüfungen bestehen. Ihr Überleben verdankten sie allein den Indianern, die ihnen über die ersten Winter halfen. Trotz der zahlreichen Probleme bauten die Einwanderer bald die ersten Häuser und legten Gärten an.

Die Pilgerväter schufen einen Lebensstil, der auf ihren englischen Traditionen beruhte (deshalb der Name Neuengland). Ihre Küche spiegelte diesen Einfluss wider. Einfach und bodenständig, besaß sie nicht die Raffinesse der französischen Küche. Nachdem es die gewohnten Nahrungsmittel nicht gab, lernten die ersten Siedler schnell mit dem, was sie vor Ort fanden, schmackhafte Gerichte zuzubereiten. Damit legten sie den soliden Grundstein für die Küche Neuenglands.

Neben den regionalen Lebensmitteln prägten zwei Faktoren die Gastronomie: das Klima und die Religion. In einer Region, in der die Winter lang und streng waren, brauchte man eine kräftigende Nahrung. Andererseits schrieb die puritanische Moral eine nüchterne Zubereitung vor, die sich auf das unbedingt Nötige beschränkte. Bei ihrer Ankunft in der Neuen Welt entdeckten die Pilgerväter Produkte, die sie kaum oder gar nicht kannten. Zu den wichtigsten gehörten Mais, Kürbis und Bohnen. Dieses nahrhafte Trio half den Siedlern über manche Hungersnot hinweg. Die Indianer weihten sie in die vielen Varianten der Maiszubereitung ein, einschließlich ihn zu kochen und direkt vom Kolben zu essen. Noch heute ist *corn on the cob* ein Lieblingsgericht in Neuengland und in den ganzen USA.

Die Siedler wandten auch ihre eigenen Zubereitungsmethoden auf die neuen Lebensmittel an. Ihr *corn pudding,* (Maispudding) und vor allem das *corn bread,* ein Brot aus Mais, Weizenmehl und Wasser, werden noch heute mit Begeisterung in dieser Region gegessen.

Im Lauf der Jahre mauserte sich der Mais zur typischsten amerikanischen Zutat. Ein Jahrhundert nach der Ankunft der ersten Siedler mochte Thomas Jefferson selbst in Paris, wo er sich in diplomatischer Mission aufhielt, nicht auf den Mais verzichten: Er pflanzte ihn dort kurzerhand in seinen Garten. Benjamin Franklin, 1765 Botschafter in London, beklagte sich, dass es dort keinen Mais gab.

Auch der Reichtum an Wild, Geflügel und Fleisch hat die Küche Neuenglands geprägt. Im heimatlichen England war die Jagd ein elitärer Sport, den nur die Oberschicht ausüben durfte. In den Kolonien jedoch erwies sich das Jagen als Lebens-

OBEN

*Ein Sandwich muss nicht langweilig sein, ganz gleich, ob es man es zu Hause zubereitet oder irgendwo kauft. Haufig zeugt es von kulinarischem Wissen und viel Fantasie.*

OBEN

*Zinn und Holz werden in Neuengland immer noch hoch geschätzt. Die amerikanischen Siedler begannen etwa 1700 mit der Zinnherstellung. Heutzutage dienen die von Handwerkern oder industriell gefertigten Zinngegenstände überwiegend der Dekoration.*

notwendigkeit. Die Indianer lehrten die Siedler Jagd- und Fischfangtechniken, die an die neue Umgebung angepasst waren. Manche der zum Verzehr erjagten Tiere kannten die Siedler nicht, zum Beispiel Truthahn, Opossum oder verschiedene Entenarten. Aus dieser Jagdbeute bereitete man meist ein Ragout zu, das mit Gemüse, wie Steckrüben, Kohl, Möhren, Zwiebeln und später Kartoffeln, einen ganzen Tag lang vor sich hin köchelte. Durch diese Zubereitungsart hielt sich das Fleisch länger, außerdem kam sie dem traditionellen Bedürfnis der Siedler nach Einfachheit entgegen.

Der größte Reichtum der Region fand sich in ihren Gewässern. Die Einwanderer entdeckten dort Hummer, Muscheln, Austern und Fische aller Art. Daraus entstanden zahlreiche Gerichte, zum Beispiel *clam chowder*, eine Suppe aus Muscheln, Sahne, Speck und Kartoffeln, die heute noch zu den Hauptspezialitäten Neuenglands zählt. Der Hummer aus Maine, der »amerikanische Hummer« mit seinen riesigen Zangen, gilt nach wie vor als kostbare (und häufige) Delikatesse – und als eines der Spitzenprodukte der USA.

Die Fülle der Beerenarten, die damals in Europa niemand kannte, überraschte die Siedler Neuenglands. Die Indianer verwendeten seit langem die aromatischen Beeren, die auf mageren Böden, an Sandstränden und in Mooren wuchsen. Zu den bekanntesten und heute am häufigsten gezüchteten gehören die Cranberry (eine Verwandte der Preiselbeere) und Heidelbeeren, die von den Indianern mit Ahornsirup zubereitet wurden.

Viele der heute als typisch amerikanisch empfundenen Nachspeisen wurden von den frühen Siedlern kreiert, darunter Puddings und *pies* (gedeckte Obstkuchen) mit Früchten, vor allem mit Beeren. Die berühmte *apple pie* entstand erst viel später, da man damals in Amerika Äpfel noch nicht kannte. Der *Indian pudding* (ein Maispudding) gilt als eines der großen kulinarischen Gemeinschaftswerke von Siedlern und Indianern.

Eine weitere Spezialität der Gegend ist der Ahornsirup. Die Indianer machten die Pilgerväter auf den klaren Saft aufmerksam, der am Ende des Winters aus manchen Bäumen in Vermont floss. Seitdem verleiht Ahornsirup vielen neuenglischen Süßspeisen ihren typischen Geschmack. Und heute werden unzählige amerikanische Desserts damit gesüßt.

### VOM ALTEN ZUM NEUEN NEUENGLAND

Der Strom der nachfolgenden Einwanderergenerationen aus aller Welt hat auch den Geschmack und die Küche dieser Region geprägt. Zahlreiche Nationen haben dazu beigetragen, aus der Küche Neuenglands ein wundervolles kulinarisches Mosaik zu schaffen.

Unter den Nationen, deren Einfluss Neuengland seinen Stempel aufdrückte, muss man ein kleines Land hervorheben: Portugal. In vielen Dörfern Neuenglands feiern Portugiesen jedes Jahr die Ankunft ihrer Vorfahren, die als tapfere Seeleute und Fischer nach Amerika gelangten. Ihr Mut, ihr Know-how und ihr Durchhaltevermögen wurden von Herman Melville in seinem Meisterwerk *Moby Dick* unsterblich gemacht. Tatsächlich kannte in jener Zeit niemand besser als die Portugiesen den Atlantik und seine Küste.

Überall, wo sie sich ansiedelten, gaben ihre Kochmethoden und ihre Gewürze der mitunter etwas faden Yankee-Küche eine pikante und innovative Note. Viele der Gewürze kamen von den kapverdischen Inseln. Ihre Würste (*linguiça* und *chouriços*) gelten immer noch als Gaumenschmaus.

Heute schätzen die jungen Küchenchefs die Traditionen Neuenglands, ohne sich als Gefangene der Vergangenheit zu fühlen. Gestützt auf eine solide kulinarische Bildung mischen sie die ethnischen Einflüsse und ihre Vorliebe für frische regionale Produkte, die es im Überfluss gibt. Die besten Bedingungen, um aus der neuenglischen Küche eine echte Küche der Neuen Welt zu schaffen!

UNTEN
*Namensgeber für diese Gartenstühle, die auf Englisch* adirondack chairs *heißen, sind die Adirondack-Berge, die zu den Appalachen gehören. Die rustikalen Stühle werden seit Beginn des 20. Jahrhunderts produziert.*

Einen großer Teil seines Reichtums verdankt Neuengland dem Meer: Kabeljau, Schellfisch oder Barsch gibt es an der Atlantikküste in Hülle und Fülle. Der amerikanische Barsch (striped bass), der wesentlich größer ist als sein europäisches Gegenstück, bevorzugt felsige Tiefen. Dieser Fisch, von Sportanglern hoch geschätzt, kann sich jedoch den verschiedenen Gegebenheiten seines Lebensraumens bestens anpassen.

## BEI EBBE: VENUSMUSCHELN

OBEN
Clam, *die amerikanische Venusmuschel-Art, ist größer als die bei uns erhältlichen. Das sollten Sie beachten, wenn Sie für ein Rezept, das aus aus den USA stammt, diese Muschel einkaufen.*

Das Sammeln von Muscheln ist eine schöne und gesellige Beschäftigung! Allerdings braucht man dazu eine Erlaubnis, die ein Jahr gilt. Auf Martha's Vineyard kostet sie 35 $ und berechtigt zum Sammeln eines Korbs voll Muscheln pro Woche; für über 60-Jährige ist die Erlaubnis kostenlos. Außerdem muss man das ganze Handwerkszeug zusammenbringen: Metallkörbe mit Vorrichtungen, die ein Entkommen der Muscheln verhindern; ein Gerät, das sich *gage* oder *caliper* nennt, um die Größe der Muscheln zu messen; einige Harken oder große Gabeln, um den Boden aufzukratzen; Gummihandschuhe, einen Gummireifen, in den man den Korb mit der Ausbeute legt, damit er an der Wasseroberfläche bleibt; und schließlich einige Eimer, die man mit Meerwasser füllt, um die Beute heil nach Hause zu bringen.
Bei Ebbe und ruhigem Wetter legen die Muschelsucher Badekleidung an und stürzen sich ins tiefe Wasser. Manche knien sich gern hin, graben und holen die Muscheln mit den Händen heraus, andere saugen sie lieber mit einem speziellen Gerät heraus und sammeln sie mit einer speziellen Harke ein. Je nach Jahreszeit und Häufigkeit der Muscheln dauert es etwa zwei Stunden, bis die Menge für ein Essen mit zehn bis fünfzehn Leuten reicht. Doch wie schreibt Philip Craig, Krimi-Autor und überzeugter Vineyard-Bewohner, in einem seiner zahlreichen Vineyard-Büchern: »Es ist nicht wichtig, wie lange man braucht … Kann man etwas Schöneres tun, als das was wir gerade tun?« Wenn man genug hat, gibt man die Venusmuscheln in die Eimer mit Meerwasser. Die Muscheln geben dann Sand und Schmutz ab und öffnen sich leicht. Ein Versuch, sie ohne diese Hilfsmaßnahme zu öffnen, verdeutlicht jedem auf eindrucksvolle Weise den Sinn des englischen Verbs *to clam up*, das »sich verschließen« bedeutet!

## New England Clam Chowder
**(Venusmuschelsuppe aus Neuengland)**

8 Portionen
Zubereitung: 45 Minuten
Garzeit: 15 Minuten

- 16 Venusmuscheln
- 4 mittelgrosse Kartoffeln
- 175 g geräucherter Bauchspeck, klein gewürfelt
- 2 Zwiebeln, fein gehackt
- 2 Stangen Staudensellerie, fein gehackt
- Salz, Pfeffer
- 1/2 l Milch
- 2 EL weiche Butter

Die Muscheln sorgfältig waschen, in eine große Kasserolle geben und 3/4 Liter Wasser zugießen. Zum Kochen bringen und etwa 15 Minuten kochen lassen, bis die Muscheln sich von selbst öffnen. Die Muscheln herausnehmen und den Sud durch ein feines Sieb in eine Schüssel gießen.

Die Muscheln aus der Schale lösen. Die harte äußere Haut abnehmen (sie geht leicht ab) und fein hacken, am besten im Mixer. Das zartere innere Muschelfleisch auf einen Teller legen. Beides beiseite stellen.

Die Kartoffeln schälen und in sehr kleine Würfel schneiden und beiseite stellen.

Den Bauchspeck in einer Gusseisenkasserolle anbraten, mit einem Schaumlöffel herausnehmen und beiseite stellen.

Zwiebeln und Sellerie in die Kasserolle geben und im ausgelassenen Speck garen, bis sie weich sind. Muschelhäute, Bauchspeck und Kartoffelwürfel zugeben und alles gründlich mischen.

Das Ganze in einen Kochtopf geben und großzügig mit dem abgeseihten Muschelsud bedecken. Bei mittlerer Hitze 15 Minuten garen, bis die Kartoffeln weich sind. Mit Salz und Pfeffer abschmecken.

Inzwischen das Muschelfleisch jeweils in zwei oder drei kleine Würfel schneiden, in den Kochtopf geben und weitere 5 Minuten köcheln lassen. Zum Schluss Milch, Butter und eventuell noch etwas Pfeffer hinzufügen. Ganz kurz aufkochen lassen und den Topf vom Herd nehmen. Die Suppe mindestens 2 Stunden ruhen lassen.

Unmittelbar vor dem Essen die Suppe erwärmen und sofort servieren.

LINKS
*Für einige besonders geschmacksintensive Rezepte wird in den USA Muschelsaft in Gläsern angeboten. Liebhaber von Meeresfrüchten, die weit vom Meer entfernt leben, schätzen ihn besonders.*

## CLAMBAKE WIE EINST!

Ein Höhepunkt für Feinschmecker und eine wahre Institution ist das *clambake*, dessen Ursprünge bei den Indianern und den Pilgervätern zu suchen sind. Für dieses kulinarische Ereignis bereiteten die Siedler Neuenglands die Muscheln auf folgende Art zu: Sie gruben ein Loch in den Sand, legten heiße Steine hinein, dann eine Schicht Algen und gaben darauf Venusmuscheln, aber auch Hummer und Maiskolben. Den Abschluss bildete eine Algenschicht. Dank des Wassers, das die erhitzten Algen abgaben, garten die Lebensmittel wunderbar schonend in heißem Dampf.

Heute stellt das *clambake* in Neuengland eine gern genutzte Gelegenheit dar, um im Hochsommer ein großes Picknick in der Nähe der Küste zu inszenieren. Da es jedoch häufig verboten ist, am Strand *clambakes* zu veranstalten, finden sie bei den Menschen zu Hause auf dem Barbecue-Grill statt. Auch dafür gibt es eine bewährte Methode: Auf den Boden eines großen Gefäßes, das die Verwendung auf dem Grill schadlos übersteht, gibt man 2,5 Zentimeter hoch Wasser. Dann wird wie folgt geschichtet: eine Lage Maiskolben (Hüllblätter nicht entfernen), eine dicke Schicht Algen, eine Lage Muscheln in kräftige Alufolie gewickelt und wiederum Algen. Bevor das Gefäß mit dicker Alufolie abgedeckt wird, vergräbt man noch ein bisschen Hummer inmitten der Algen.

Und nun kann der Grill eingeheizt werden. Dafür verwendet man das Holz zweier einheimischer Gehölze: vom Sassafras- und Johannisbrotbaum. Im Gegensatz zu Eichenholz entwickeln sie eine sehr starke Hitze und ergeben verhältnismäßig wenig Asche.

Es dauert 15 Minuten, bis das Wasser am Boden des Gefäßes kocht und weitere 15 Minuten, bis es den Dampf abgibt, der zu den Meeresfrüchten und zum Mais zieht. Die Algen und die Maisblätter kommen auf den Komposthaufen. Das Holz, das nicht ganz verbrannt ist, hebt man für das nächste *clambake* auf. Bei den puritanisch geprägten Neuengländern wird eben alles recycelt!

## Lobster Diavolo
### (Hummer Diavolo)

4 Portionen
Zubereitung: 10 Minuten
Garzeit: 15 Minuten

Für die Sauce:
- 1 Zwiebel, gehackt
- 4 Knoblauchzehen, gehackt
- 2 EL Pflanzenöl
- 450 g geschälte Tomaten aus der Dose
- 4 kleine getrocknete Chilischoten
- 1 TL Oregano
- Salz, Pfeffer

- 2 EL Öl
- 250 g Tintenfische, geputzt und küchenfertig
- Fleisch von 2 kleinen Hummern, in mundgerechte Stücke geschnitten
- 12 Venusmuscheln, sorgfältig gewaschen
- 500 g Miesmuscheln, sorgfältig gewaschen

Für die Sauce das Öl in einer großen Pfanne erhitzen und Zwiebeln und Knoblauch darin glasig braten. Tomaten, Chili und Oregano zugeben und 20 Minuten köcheln lassen, dabei die Tomaten zerdrücken. Mit Salz und Pfeffer würzen. Beiseite stellen.

Öl in einer Pfanne erhitzen, die Tintenfische zugeben und unter Rühren 1 bis 2 Minuten anbraten. Den Hummer und die Venusmuscheln hinzufügen. Die Pfanne zudecken und die Meeresfrüchte unter gelegentlichem Rühren 8 Minuten garen. Die Miesmuscheln in einen Topf mit kochendem Wasser geben. Die Hitze verringern und 3 bis 4 Minuten köcheln lassen, bis die Schalen sich öffnen.

Den Hummer und die Muscheln (in ihren Schalen) auf vorgewärmten Tellern anrichten. Die Sauce in die Pfanne geben und zügig mit Muschelsud verrühren, bis sie sämig ist. Nach Belieben abschmecken. Das Gericht heiß mit Landbrot oder Ähnlichem servieren.

## Oyster-stuffed Fish
(Fisch mit Austernfüllung)

3 oder 4 Portionen
Zubereitung: 30 Minuten
Garzeit: 45 Minuten

Für die Füllung:
3 EL Pflanzenöl
2 Zwiebeln, geschält und gehackt
3 Knoblauchzehen, geschält und gehackt
1/2 grüne Paprika, in Stücken
2 Stangen Staudensellerie, in Stücken
1 Ei, verquirlt
50 g Semmelbrösel
1 Tropfen Tabasco
1 Prise Thymian
Salz, Pfeffer
18 Austern oder Mischung aus Austern und Venusmuscheln

1 kg Kabeljau mit Haut und Gräten oder 1 ganzer Fisch
Butter zum Einfetten der Form

Den Backofen auf 180 °C (Gas Stufe 2) vorheizen.
Das Öl in einer Pfanne erhitzen. Zwiebeln, Knoblauch, Paprika und Sellerie darin weich, aber nicht braun werden lassen.
Ei, Semmelbrösel, Tabasco, Thymian, Salz und Pfeffer in einer Schüssel mischen und unter die Gemüse rühren. Beiseite stellen.
Die Austern in einen Topf mit etwas Wasser geben und bei geringer Hitze 5 bis 7 Minuten köcheln lassen (sie dürfen nicht zu stark kochen, sie sollen sich nur öffnen). Das Austernfleisch aus den Schalen lösen, in nicht so große Stücke schneiden und zur Füllung geben.
Den Fisch in eine flache feuerfeste Auflaufform legen. Die Haut des Fisches abheben und einen Teil der Füllung auf dem Fisch verteilen. Die Haut zurücklegen und mit einem Faden befestigen (bei einem ganzen Fisch die Füllung ins Innere geben).
Die restliche Füllung rund um den Fisch verteilen. Das Ganze mit Alufolie abdecken und im vorgeheizten Ofen 40 Minuten garen. Die Alufolie abnehmen und weitere 5 Minuten garen. Falls die Gräte noch rosa ist, weitere 10 Minuten garen.
Heiß servieren!

## Cranberry Chutney

(Würzige Cranberry-Paste)

*Cranberry und Preiselbeere sind beide Erikagewächse. Die Preiselbeere (*Vaccinium vitis idae*) reift von August bis Oktober, sie wächst in gemäßigtem Klima in bergigen Gebieten. Die Cranberry (*Vaccinium macrocarpon*) ist in Nordamerika heimisch, wo sie seit 1816 auch gezüchtet wird. Ihre leuchtend roten Beeren werden von Ende September bis Weihnachten geerntet.*

8 Portionen
Zubereitung: 15 Minuten
Garzeit: 15 Minuten

- 1 unbehandelte Zitrone
- 330 g Cranberries (oder Preiselbeeren)
- 400 g Kristallzucker
- 75 g kandierter Ingwer, in kleinen Stücken
- 3 EL Zwiebel, gehackt
- 1 Knoblauchzehe, gehackt
- 1 grüne *Jalapeño*-Pfefferschote, entkernt und zerkleinert
- 1 Zimtstange
- 1 TL Senfpulver
- 1 TL Salz

Die Zitrone schälen, dabei die weiße Haut mit einem scharfen Messer vollständig von der Schale und dem Fruchtfleisch entfernen. Die Schale fein zerkleinern. Das Fruchtfleisch entkernen und in kleine Würfel schneiden.

Zitronenschale und Fruchtfleisch mit allen restlichen Zutaten in eine Kasserolle geben. Das Ganze zum Kochen bringen und unter häufigem Rühren kochen, bis der Zucker sich auflöst.

Die Hitze verringern und die Mischung 10 bis 15 Minuten köcheln lassen, bis sie eindickt und die Cranberries aufplatzen. Die Zimtstange herausnehmen.

Das Chutney abkühlen lassen und in den Kühlschrank stellen. 30 Minuten vor dem Servieren das Chutney aus dem Kühlschrank nehmen, damit es Zimmertemperatur annimmt.

In einem luftdicht verschließbaren Gefäß hält sich dieses Chutney mindestens eine Woche im Kühlschrank.

## FESTE IM HERBST

GEGENÜBER
*Herbstlicht auf den Veranden, die in Neuengland an den meisten Holzhäusern zu finden sind. Häufig ziehen sie sich rund um das ganze Haus.*

Zeitweilig gestaltet die Natur ihre eigenen Feste. In Neuengland findet jedes Jahr von Ende September bis Mitte November solch ein Fest statt – ein Fest, das die Dichter und Maler inspiriert. Wenn der Herbst im Norden der Vereinigten Staaten beginnt, verwandelt sich das üppige Laub in fantastischer Weise. Das sommerliche Grün verblasst zu Gelb und – ganz plötzlich – in nur wenigen Tagen erstrahlt die Region in einem bunten Kaleidoskop von Farben mit satten Gelb-, Rot-, Orange- und Brauntönen. Vielleicht liegt es an der unvergleichlichen Schönheit dieses Naturbildes, dass gerade im Herbst so viele Feste gefeiert werden.

Beginnen wir mit Halloween, dem Fest, bei dem am 31. Oktober der Kürbis, das Symbol für die erste Ernte der Pilgerväter im 17. Jahrhundert, zu Ehren kommt. Kürbisse waren den ersten Siedlern unbekannt, doch ihnen verdankten sie zum Teil ihre Gesundheit, weil sie im Herbst geerntet und als nahrhafter, vitaminreicher Wintervorrat eingelagert werden konnten. Mit Halloween verbindet man heutzutage ganz verschiedene Themen: die Ernte, Allerheiligen und die »Magie« der Kürbisse. Ein kleiner amerikanischer Refrain zeigt seine Bedeutung: »*Ein Kürbis am Morgen/Ein Kürbis am Mittag/Ohne Kürbisse/Käme man vom Regen in die Traufe.*«

Thanksgiving, das wichtigste und fröhlichste Fest des Jahres, findet am vierten Donnerstag im November statt. Man feiert dann das Teilen und den Überfluss in Erinnerung an die erste Ernte der Pilgerväter im Jahr 1621. Sie widmeten diesen Dank nicht nur Gott, sondern auch den Indianern, die sie mit den Früchten des neuen Landes bekannt gemacht und ihnen dadurch das Überleben im ersten schrecklichen Winter in Massachusetts ermöglicht hatten.

*Der Kürbis ist nicht nur eine nahrhafte, sondern auch eine dekorative Frucht. Als Laterne mit einer Kerze im Innern verschönt er Fenster und Gärten, vor allem zur Zeit von Halloween.*

*Nicht alle Kürbisse haben die gleiche Farbe. Die Vielfalt an Varianten reicht von Blassgelb bis Scharlachrot.*

*Im Herbst scheinen die großen Bäume im Licht der Sonnenstrahlen goldene Heiligenscheine zu tragen. Die Landschaft Neuenglands zeigt sich dann in ihrem schönsten Gewand.*

*Das Herbstlaub passt perfekt zu den bunten Kürbissen, mit denen es die schönen Farben gemeinsam hat.*

## Roast Turkey
### (Gebratener Truthahn)

Zubereitung: 20 Minuten
Garzeit: 3 Stunden

1 Truthahn von 4,5 kg
Salz, Pfeffer
175 g Butter
Füllung nach nebenstehendem Rezept oder nach Belieben
200 ml Apfelsaft, Orangensaft oder Champagner

Für die Sauce:
Flügelspitzen, Hals, Leber und Magen des Truthahns
2 Zwiebeln, geschält und geviertelt
1 Möhre, in dicke Scheiben geschnitten
1 Stange Staudensellerie, zerkleinert
1 Bouquet garni
Pfeffer
2 EL Mehl

Den Backofen auf 180 °C (Gas Stufe 2) vorheizen und die Fettauffangpfanne einschieben.
Den Truthahn innen salzen und pfeffern und nach Belieben füllen. Auf der Haut 50 Gramm Butterspäne verteilen. Den Truthahn mit der Brust nach oben auf den Rost des Ofens legen und 30 Minuten braten. Wenden und weitere 30 Minuten garen. Wieder auf den Rücken drehen und weitere 2 Stunden braten, dabei häufig übergießen. Fürs Übergießen jeweils etwas Saft in die Fettpfanne geben und mit dem Geflügelsaft mischen. Diese Mischung über den Truthahn geben.
Bis auf das Mehl alle Zutaten für die Sauce in eine große Kasserolle geben und 1 Liter kaltes Wasser zugießen. Das Ganze zum Kochen bringen und etwa 2 Stunden köcheln lassen, dabei häufig den Schaum abschöpfen. Die fertige Brühe durch ein Sieb in eine Schüssel gießen und die festen Zutaten gut ausdrücken. Für eine Mehlschwitze vom Boden der Fettpfanne den anhaftenden Bratensaft lösen und in einen Topf geben. Die restliche Butter hinzufügen und bei mittlerer Hitze zerlassen. Das Mehl einrühren. Vom Herd nehmen und 1/4 Liter von der abgeseihten Brühe zugießen und gründlich unterrühren, damit sich keine Klümpchen bilden.
Die Sauce wieder bei mittlerer Hitze auf den Herd stellen und langsam weitere Brühe zugießen, bis sie die gewünschte dickliche, sämige Konsistenz annimmt.
Die Brühe kann man auch im Voraus mit einem Pfund gesondert gekauften Hähnchenflügeln zubereiten.

## Cornbread Stuffing
### (Maisfüllung)

Füllung für 1 Truthahn von 4,5 kg
Zubereitung: 30 Minuten
Garzeit: 1 Stunde

40 g Rosinen
5 cl Weinbrand
40 g Butter
1 Zwiebel, gewürfelt
1 Knoblauchzehe, zerdrückt
125 g Bratwurstbrät
1 Stange Staudensellerie, gewürfelt
1 Kartoffel, in Scheiben geschnitten
1/2 Maisbrot, zerkrümelt (Brotrezept siehe Seite 80)
200 g frische Maronen, geschält und grob zerkleinert
2 EL frische zerkleinerte Petersilie
1 EL frischer zerkleinerter Salbei
1 TL frischer zerkleinerter Rosmarin
1 TL frischer zerkleinerter Thymian
1 Ei, verquirlt
Salz, Pfeffer

Die Rosinen im Weinbrand einweichen.
Die Butter erhitzen. Zwiebeln und Knoblauch zugeben und etwa 5 Minuten glasig werden lassen. Bratwurstbrät hinzufügen und das Ganze mischen. Garen, bis das Brät eine schöne braune Farbe annimmt. Sellerie und Kartoffeln zugeben und 5 Minuten garen. Nacheinander Maisbrot, Rosinen samt Weinbrand, Brät-Mischung, Maronen, alle Kräuter und das Ei in eine große Schüssel geben und jeweils gründlich mischen. Mit Salz und Pfeffer abschmecken.
Den Truthahn mit einem Teil der Füllung füllen. Den Rest in eine Terrine geben und zusammen mit dem Truthahn im Backofen etwa 1 Stunde garen.

GEGENÜBER
*Für* thanksgiving *sind die amerikanischen Truthähne meist sehr groß, häufig wiegen sie bis zu 9 Kilogramm. Kleinere Truthähne mit 2,5 bis 4,5 Kilogramm eignen sich genauso gut. Vielleicht sogar noch besser, denn ihr Fleisch ist zarter und hat einen feineren Geschmack. Wichtige Faustregel: Bei einem Truthahn unter 4,5 Kilogramm rechnet man 20 Minuten Garzeit pro Pfund.*

GEGENÜBER

*Auf den Bauernhöfen Neuenglands war die Küche der wichtigste Raum, in dem sich die ganze Familie traf. Lang garende Gerichte, wie der Rinderschmorbraten, köchelten vor sich hin, während jeder anderen Arbeiten nachging. Für den Braten bevorzugte man Rindfleisch aus der Keule, Nuss* (brisket). *Typisch waren Gerichte, bei denen alles auf einem Teller serviert wurde* (a-meal-in-one-dish).

## Meatloaf
### (Hackbraten)

8 bis 10 Portionen
Zubereitung: 15 Minuten
Garzeit: 1 Stunde

1 EL weiche Butter
2 mittelgrosse Zwiebeln, geschält und gewürfelt
2 Eier, verquirlt
2 125-ml-Becher Naturjoghurt
4 EL zerkleinerte Sellerieblätter
1 EL zerkleinerte Petersilie
1 TL Salz
Pfeffer
100 g Haferflocken
1 kg Hackfleisch vom Rind
100 g Hackfleisch vom Schwein
100 g Hackfleisch vom Kalb

Den Backofen auf 180 °C (Gas Stufe 2) vorheizen.
Die Butter in einer großen Pfanne zerlassen und die Zwiebeln darin glasig braten. Eier, Joghurt, Sellerie, Petersilie, Haferflocken, Salz und Pfeffer zugeben und alles mischen.
Alle Hackfleischsorten hinzufügen und das Ganze sehr gründlich mischen. Mit Salz und Pfeffer abschmecken. Aus dem Teig einen Laib formen und ihn 1 Stunde im Ofen garen, dabei den Laib von Zeit zu Zeit mit Wasser befeuchten.

## Yankee Pot Poast
### (Rinderschmorbraten nach Yankee-Art)

6 bis 8 Portionen
Zubereitung: 15 Minuten
Garzeit: 3 Stunden

50 g Speck, in Würfel geschnitten
3 kg Rindfleisch aus der Keule (Nuss)
1 TL Salz
1 TL Pfeffer
5 Zwiebeln, geschält und in feine Ringe geschnitten
1/2 l Cidre
2 Lorbeerblätter
4 Petersilienzweige, fein zerkleinert
8 Möhren, in Scheiben geschnitten
8 kleine Kartoffeln, gewürfelt
2 Steckrüben, gewürfelt
1 EL Mehl

Die Speckwürfel in einem Gusseisentopf auslassen. Mit einem Schaumlöffel herausnehmen und beiseite stellen.
Das Fleisch mit Salz und Pfeffer würzen und von beiden Seiten in dem Speckfett schmoren. Herausnehmen und beiseite stellen. Die Hitze verringern. Die Zwiebeln in den Topf geben und goldbraun werden lassen.
Das Fleisch wieder in den Topf legen und so viel Cidre zugießen, dass es gerade bedeckt ist. Lorbeerblätter und Petersilie zugeben und alles zum Kochen bringen. Die Hitze verringern und das Ganze 3 Stunden köcheln lassen, bis das Fleisch weich ist.
Etwa 30 Minuten vor Ende der Garzeit die Speckwürfel und die drei Gemüse in den Topf geben. Das gare Fleisch und Gemüse mit einem Schaumlöffel herausnehmen und die Lorbeerblätter entfernen. Das Fleisch in Scheiben schneiden und ebenso wie das Gemüse auf einer vorgewärmten Servierplatte warm halten. Die Kochflüssigkeit bei starker Hitze einkochen lassen, bis etwa 400 Milliliter übrig bleiben.
Inzwischen in einem kleinen Topf mit dem Mehl eine Mehlschwitze zubereiten und zum Andicken in die Sauce rühren. Mit Salz und Pfeffer abschmecken.
Zum Servieren einen Teil der Sauce über das Fleisch und das Gemüse gießen, die restliche Sauce gesondert dazu reichen.
Sie können die Servierplatte mit ungeschälten Orangenscheiben oder Orangenschale dekorieren.

OBEN

*Der general store (Kolonialwarenladen) auf dem Land führte Lebensmittel und viele andere Waren des täglichen Bedarfs. Zugleich fungierte er aber auch als Postamt, Treffpunkt, Zeitungsladen und als eine Art Plakatsäule. Und im Sommer war er das gern besuchte Lager für frischen Mais.*

## Winter Squash Risotto
(Winterkürbis-Risotto)

6 Portionen
Zubereitung: 10 Minuten
Garzeit: 35 Minuten

600 ml Hühnerbrühe
1 EL Olivenöl
1 Zwiebel, fein zerkleinert
250 g Kürbis, gerieben
1 EL frischer zerkleinerter Salbei
200 g Arborio-Reis
50 g Parmesan, gerieben
Salz, Pfeffer

Die Brühe in eine Kasserolle gießen, zum Kochen bringen und bei geringer Hitze sieden lassen.
Das Öl in einem großen Topf erhitzen. Die Zwiebeln zugeben und 5 bis 8 Minuten glasig, aber nicht braun werden lassen. Den Kürbis hinzufügen und 5 Minuten garen. Salbei bestreuen und Reis zugeben und ununterbrochen 1 Minute lang rühren.
Unter stetem Rühren 1/8 Liter Brühe zugießen. Wenn der Reis alle Flüssigkeit aufgenommen hat, weitere 1/8 Liter Brühe zugeben. Noch zweimal so vorgehen, bis insgesamt 1/2 Liter Brühe zugegossen wurde.
Der Reis sollte nun weich und locker sein. Ist das noch nicht der Fall, noch etwas Brühe zugeben und weiter garen.
Den Parmesan unterheben. Mit Salz und Pfeffer abschmecken. Den Risotto sofort heiß servieren.

## Carrot, Zucchini and Swiss Chard Casserole

(Möhren-Zucchini-Mangold-Pfanne)

8 Portionen

Zubereitung: 20 Minuten

Garzeit: 1 Stunde 15 Minuten

1 kg Zucchini, ungeschält in Scheiben geschnitten
Salz
700 g Mangold, Blätter und Stiele grob zerkleinert und gut abgetropft
650 g Möhren, geraspelt
75 g Butter
500 g Zwiebeln, zerkleinert
120 g Paniermehl
einige Sellerieblätter, gehackt
3 große Eier
1 TL Trockenhefe
100 g Mehl
Pfeffer

Den Backofen auf 180 °C (Gas Stufe 2) vorheizen.
Die Zucchini mit Salz bestreuen und 15 Minuten in einem Sieb abtropfen lassen.
Die Hälfte der Butter in einer Pfanne erhitzen und die Zwiebeln darin glasig werden lassen.
Zucchini auspressen, um so viel wie möglich an Saft zu entfernen (eventuell für eine Suppe aufbewahren).
Zucchini, Zwiebel, Mangold, Möhren, Paniermehl, Sellerie, 1 Teelöffel Salz und Eier in einer großen Schüssel mischen. Hefe und Mehl mischen und in die Schüssel geben. Die Mischung kräftig pfeffern und salzen.
Die Mischung in eine feuerfeste Form geben. Die restliche Butter in Flöckchen darauf verteilen und 1 Stunde 15 Minuten garen.
Die Gemüsepfanne heiß servieren.

OBEN
*Die Kugels – Gemüseaufläufe – der jüdischen Küche inspirierten das hier beschriebene Rezept. Durch unterschiedliche Zutaten lässt sich dieses einfache und köstliche Gericht je nach Jahreszeit variieren. Gemüseaufläufe oder -pfannen passen zu fast jedem gegrillten Fleisch, wie etwa Hähnchen. Sie schmecken auch am Tag nach der Zubereitung noch köstlich, langsam aufgewärmt oder sogar kalt. Wenn man sie mit Schinken oder Fleischresten ergänzt, ergeben sie eine vollständige Mahlzeit zum Sattessen.*

# DIE FARMERS' MARKETS

GEGENÜBER
*Auf einem* farmers' market *werden Gartenblumen ebenso verkauft wie Gemüse und Obst. Die ganze Farmerfamilie, einschließlich der Kinder, hilft sowohl beim Anbau als auch beim Verkauf der Ernte.*

*Farmers' markets* (Bauernmärkte) gibt es in den Vereinigten Staaten schon seit Zeiten der Pilgerväter. Doch noch nie haben sie so viele Menschen angezogen wie heute. Wie die Pilze wachsen sie in Stadt und Land aus dem Boden und halten sogar regelmäßig Einzug in Metropolen wie New York oder Chicago. Im Gegensatz zu vielen europäischen Wochenmärkten stehen die Farmer meistens selbst an ihren eigenen Ständen und bieten ihre Ware »frisch vom Bauernhof an«.

Von 1994 bis 2000 hat die Zahl der Bauernmärkte in den USA um 63 Prozent zugenommen, man zählte mehr als 2800. Die Farmer reagieren damit auf das Bedürfnis der Verbraucher frischere Produkte zu verzehren, die im Land erzeugt wurden. Man legt großen Wert darauf, dass die Nahrung nicht aus riesigen, fabrikähnlichen Glasbauten kommt, sondern in einem menschlichen Rahmen gezogen wurde.

Auf dem *farmers' market* von Martha's Vineyard in Massachusetts findet man beispielsweise einen Bio-Bauern, der Aussaat, Pflanzung und Ernte nach dem Mond ausrichtet. Die biologische Landwirtschaft respektiert Boden, Pflanze und Tier; sie verwendet daher nur natürliche Dünger wie etwa Kompost und pflanzt nach dem Prinzip des Fruchtwechsels. Kunstdünger, Pestizide, Insektizide, Hormone und Genmanipulation werden strikt abgelehnt.

Die lebhaften, sympathischen *farmers' markets* haben sich häufig der inwischen weit verbreiteten Bio-Bewegung verschrieben. Selbst Supermärkte werden von ihren Kunden dazu aufgefordert, biologisches Obst und Gemüse anzubieten. Obwohl viele kleine Farmer biologischen Ackerbau betreiben, finden es nicht alle wichtig, offiziell als Bio-Bauern zu gelten.

*Ein Pickup ist nicht nur nützlich, um Produkte anzuliefern, man kann sie auch auf der Ladefläche sehr schön präsentieren.*

*Blumensträuße stehen in improvisierten Vasen, die sich bei näherer Betrachtung als Plastikflaschen entpuppen.*

*Früchte, Gemüse und andere Erzeugnisse, ob Bio oder nicht, werden sehr schlicht ausgestellt.*

*Preisschilder geben fast immer auch irgendeinen kulinarischen Tipp. Dabei spielt es keine Rolle, ob sie vom Fachmann entworfen oder von Hand gemalt sind.*

CRONIG'S
STATE ROAD
MARKET

# DER SAFT DER INDIANER

OBEN
*In Neuengland gibt es unzählige Seen, Teiche, Flüsse und Bäche – ganz zu schweigen von den Tausenden von Kilometern Küste mit den wundervollen Bergketten. Und überall wachsen die herrlichen Ahornbäume!*

Von Mitte Februar bis Mitte April, wenn die Temperaturen zwischen 0 und 5 °C variieren, zapfen die Farmer den Saft des Ahorns, des schönen Baums, der so typisch für die Region ist. Wenn dieser Saft kommt, zeigt er an, dass die Bäume, die nach dem rauen Winter tot schienen, leben: Es ist das erste Anzeichen für das Nahen des Frühlings.

Zwar wird Ahornsirup auch in anderen Regionen der Vereinigten Staaten produziert, doch nichts anderes steht typischer für den Geschmack der Neuengländer. Zahlreiche Legenden ranken sich um seine Erzeugung. Ein Indianer soll als Erster entdeckt haben, dass ein klarer Saft aus dem Baum lief, in den er seinen Tomahawk geschlagen hatte. Ob er auch die Verwendungsmöglichkeit des Saftes gleich erkannte, weiß man nicht. Auf jeden Fall verarbeitete man irgendwann den Ahornsaft, der bald nach seiner Entdeckung zum Kochen verwendet wurde, zu einem Sirup, den die Indianer *sinzibukwud* nannten. Sein kräftiger typischer Geschmack ist ein wichtiges Element der indianischen, und damit der amerikanischen Küche geworden.

Die Herstellung hat sich bis heute kaum verändert: Der Ahornsaft enthält zwei Prozent Zucker. Es dauert vierzig Jahre, bis der Baum zum ersten Mal angezapft werden kann – und ein Baum liefert nur etwa einen Liter Saft pro Jahr. Dieser Saft wird bei sehr hoher Temperatur zum Kochen gebracht, ohne Zusatz irgendeines anderen Produktes. Strenge Gesetze kontrollieren die Herstellung. Man braucht achzig bis hundert Liter Saft, um zwei Liter Ahornsirup zu produzieren ... doch das süße Vergnügen ist den Aufwand wert.

## Buttermilk Pancakes

(Buttermilch-Pfannkuchen)

Für etwa 36 Pfannkuchen
von 10 cm Durchmesser
Zubereitung: 10 Minuten
Garzeit: 6 Minuten

- 250 g Mehl
- 1 1/2 TL Natron
- 1 EL Zucker
- 1 Prise Salz
- 3 große Eier
- 1/4 l Buttermilch oder 2 125-ml-Becher Naturjoghurt
- 60 g Butter, zerlassen
- Neutrales Öl

Alle trockenen Zutaten in einer großen Schüssel mischen. Eier, Buttermilch und Butter zugeben und alles gründlich mischen. Eine Pfanne erst sehr stark erhitzen, dann ein wenig Öl zugeben. Mit einer Schöpfkelle den Teig portionsweise hineingeben und goldgelb backen. In einer Pfanne von 25 cm Durchmesser kann man 5 Pfannkuchen gleichzeitig backen. Sobald sich am Rand des Teigs kleine Blasen bilden, den Pfannkuchen wenden und von der anderen Seite backen (nur einmal wenden).
Die bereits fertigen Pfannkuchen warm halten, zum Beispiel ein Geschirrtuch darüber decken.

Sie können den restlichen Teig kühl aufbewahren und an einem anderen Tag backen; er hält sich mindestens eine Woche im Kühlschrank. Wenn er zu dick wird, etwas Milch unterrühren.

OBEN
*Pfannkuchen sind ein typisches Frühstück in den USA – und das schon immer. Sie haben Ähnlichkeit mit den französischen Crêpes, sind aber kleiner und dicker. Vor allem isst man sie nicht zu den gleichen Anlässen. Amerikaner verzehren ihre Pfannkuchen mit ein wenig Butter und Ahornsirup.*

## Chocolate Chip Cookies
(Schokoladen-Cookies)

Für 60 bis 80 Cookies
Zubereitung: 15 Minuten
Backzeit: 10 bis 12 Minuten pro Blech

400 g Mehl
1 1/2 TL Natron
1 TL Salz
250 g weiche Butter
150 g Puderzucker
120 g Kandisfarin (brauner Zucker)
2 Eier
einige Tropfen Vanille-Aroma
350 g Schokoraspeln
100 g Walnüsse, grob gehackt

Den Backofen auf 180 °C (Gas Stufe 2) vorheizen und zwei oder drei Backbleche fetten.
Mehl, Natron und Salz mischen. Butter und die beiden Zuckersorten kräftig verrühren. Eier und Vanille-Aroma unterrühren. Die Mehlmischung langsam einrühren. Schokoraspeln und Walnüsse unterheben. Mit einem Löffel im Abstand von 2 Zentimetern Teighäufchen aufs Blech setzen. 10 Minuten goldgelb backen!

OBEN
Chocolate chips *(Schokoraspeln) sind eine Hauptzutat aller amerikanischen* cookies. *Die Raspeln gibt es bei uns fertig zu kaufen, man kann sie aber auch leicht selbst herstellen. Man braucht dazu eine Tafel Blockschokolade. Die Schokolade im Papier lassen und mit einer Teigrolle so lange fest darauf schlagen, bis die gewünschte Größe der Stückchen erreicht ist. Wichtig: Backzeit einhalten, denn* Cookies *darf man nicht zu lange backen, sonst werden sie zu trocken!*

## Blueberry Muffins
(Heidelbeer-Muffins)

Für 12 Muffins
Zubereitung: 15 Minuten
Backzeit: 30 Minuten

1 Prise Salz
1 1/2 TL Hefe
300 g Mehl
125 g weiche Butter
175 g Zucker
2 Eier
1/4 l Milch oder
2 125-ml-Becher Naturjoghurt
einige Tropfen Vanille-Aroma
100 g Heidelbeeren
Puderzucker

Den Backofen auf 180 °C (Gas Stufe 2) vorheizen. Eine Muffinform fetten.
Salz, Hefe und Mehl in einer Schüssel mischen. Beiseite stellen.
Butter und Zucker in der Küchenmaschine rühren, bis eine cremige Masse entsteht. Unter Rühren die Eier zugeben, dann die Mehlmischung und die Milch langsam und abwechselnd zugeben. Das Vanille-Aroma hineintropfen und einrühren.
Vorsichtig die Heidelbeeren unterheben. Den Teig in die Muffinform geben, mit Puderzucker bestäuben und 30 Minuten im vorgeheizten Ofen goldgelb backen. Die Muffins aus der Form nehmen und auf einem Kuchengitter abkühlen lassen.

## Brownies

Für 30 Plätzchen
Zubereitung: 15 Minuten
Garzeit: 20 bis 25 Minuten

200 g Butter + 20 g für die Form
300 g Blockschokolade (mit mindestens 50 % Kakao)
300 g Zucker
einige Tropfen Vanille-Aroma
4 Eier
150 g Mehl
100 g Walnüsse, grob gehackt

Den Backofen auf 180 °C (Gas Stufe 2) vorheizen und eine rechteckige Backform von 36 x 24 Zentimeter fetten.
Butter und Schokolade im Wasserbad zerlassen. Zucker und Vanille-Aroma einrühren. Abkühlen lassen. Die Eier nacheinander unter kräftigem Rühren hineingeben. Das Mehl auf einmal hinzufügen, rasch unterrühren und die Nüsse zugeben.
Den Teig in die Form füllen und im vorgeheizten Ofen etwa 25 Minuten goldbraun backen. Den Kuchen noch lauwarm in Rechtecke schneiden.

## Pumpkin Pie
(Kürbiskuchen)

10 Portionen
Zubereitung: 1 Stunde 25 Minuten
Backzeit: 1 Stunde

Für den Teig:
1 Pie-Boden (Rezept siehe unten, für 1 Boden die Mengen halbieren)
3 EL weiche Butter
20 g Butter
50 g Kandisfarin (brauner Zucker)
30 g Pekannüsse, fein gehackt

Für den Belag:
1 kg Kürbis, entkernt
3 Eier, verquirlt
1 Prise Salz
100 g Zucker
80 g brauner Zucker
1 TL Zimt
1/2 TL Ingwer, gerieben
1/2 TL Muskatnuss, gerieben
1/2 TL Nelkenpulver
300 ml Kondensmilch, ungesüsst
150 ml Wasser

Den Backofen auf 200 °C (Gas Stufe 3) vorheizen. Eine Pie- oder Obstkuchenform fetten und mit dem Pie-Teig auslegen und den Teig am Rand hochziehen.
Butter, Kandisfarin und Pekannüsse verkneten und auf dem Pie-Boden verteilen. Das Ganze 6 bis 7 Minuten im vorgeheizten Ofen backen. Herausnehmen und abkühlen lassen. Den Backofen auf 180 °C (Gas Stufe 2) zurückstellen.
Den Kürbis im vorgeheizten Ofen 1 Stunde garen (in der Mikrowelle etwa 15 Minuten). Die Schale entfernen und das Fruchtfleisch zu Püree zerdrücken. Ist es zu flüssig, in einen Topf geben und bei mittlerer Hitze etwas trocknen lassen.
350 Gramm Kürbispüree unter die Eier heben. Salz, die beiden Zuckersorten und die Gewürze hinzufügen und alles gründlich mischen. Kondensmilch und Wasser zugießen und gründlich unterrühren. Die Mischung auf den Pie-Boden geben. Die Pie im vorgeheizten Backofen 50 Minuten backen. Abkühlen lassen und aus der Form nehmen.

GEGENÜBER
*Thanksgiving wäre ohne Kürbis-Pie nicht perfekt. Man kann die Pie auf traditionelle Weise zubereiten, wie hier beschrieben, oder mit Fantasie, etwa indem man Eischnee und Gelatine unterzieht, um einen »luftigeren« Belag zu erzielen.*

## Apple Pie
(Apfelkuchen)

8 Portionen
Zubereitung: 20 Minuten
Backzeit: 35 bis 40 Minuten

Für 2 Pie-Böden von 24–28 cm Durchmesser:
400 g Mehl
230 g Butter, sehr kalt
2 EL Zucker (nach Belieben)
2 Prisen Salz
1/8 l Eiswasser

2 kg saure Äpfel
60 g Butter
200 g Zucker
1 TL Zimt
4 EL Zitronensaft

Mehl, 40 Gramm Butter, Zucker (nach Belieben) und Salz in die Küchenmaschine geben und rasch kneten (mindestens 1 Minute). Während des Knetens ganz langsam, am besten löffelweise, das Eiswasser zugeben, bis eine Kugel entsteht. Den Teig in Frischhaltefolie einschlagen und in den Kühlschrank legen.
Den Backofen auf 200 °C (Gas Stufe 3) vorheizen und eine Obstkuchenform fetten. Die Äpfel schälen und in kleine Stücke oder schmale Spalten schneiden. Zucker, Zimt und Zitronensaft in einer Schüssel mischen. Die Äpfel hinzufügen und das Ganze gründlich mischen, bis jedes Apfelstück von der Mischung umhüllt ist.
Den Teig aus dem Kühlschrank nehmen, halbieren und jede Hälfte rund und dünn ausrollen. Einen Pie-Boden in die Form legen, andrücken und und am Rand etwas hochziehen. Die Äpfel auf dem Teig verteilen, in der Mitte einen Hügel von 15 Zentimeter Höhe bilden (er wird niedriger). Die restliche Butter in Flöckchen über die Äpfel streuen.
Mit dem zweiten Pie-Boden die Äpfel bedecken. Beide Böden am Rand aufeinander drücken, sodass sie aneinander kleben. Den oberen Boden mit einer Gabel einstechen. Die Pie im vorgeheizten Backofen 15 Minuten backen. Die Temperatur auf 180 °C (Gas Stufe 2) verringern und die Pie weitere 35 Minuten backen, bis die Oberfläche goldbraun ist. Abkühlen lassen und aus der Form nehmen.

# DER 4. JULI, EIN AMERIKANISCHER FEIERTAG

Die Unabhängigkeitserklärung wurde am 4. Juli 1776 unterzeichnet und in aller Form angenommen, deshalb steht dieser Tag für das Entstehen der amerikanischen Nation. Heute wird er mit Feuerwerk, Paraden, Barbecues im Garten, Picknicks am Strand und mit den Farben der Flagge – Blau, Weiß und Rot – begangen. Die Amerikaner feiern ihre Unabhängigkeit mit Patriotismus. Und die Gastronomie spielt dabei eine Hauptrolle.
Das Fest findet im Hochsommer statt. Die Tradition verlangt, dass die Grills fürs Barbecue auf Hochtouren laufen und Berge von Hot Dogs, Hamburger, Spare Ribs verputzt werden. Bier, Limonade und Eistee (Coca-Cola nicht zu vergessen) müssen in Strömen fließen. Die Picknickkörbe füllt man nur mit Speisen, die jedermann als traditionell amerikanisch betrachtet, wie Kartoffelsalat, *coleslaw*, Brathähnchen, Mais, Sandwiches, Cookies. Kuchen und anderes Gebäck tragen garantiert als Verzierung die amerikanische Fahne.
Heutige Speisenfolgen für dieses Fest aller Feste zeigen eine immer breitere kulturelle Vielfalt, und die kulinarischen Aktivitäten übertreffen einander an Raffinement, doch alles dreht sich um das ursprüngliche Thema:

*»life, liberty and the pursuit of happiness!«*

*Richtig! Das Sandwich ist keine Erfindung der Amerikaner. Das erste kreierte vermutlich Lord Sandwich im 18. Jahrhundert, als er den Spieltisch nicht verlassen wollte, um eine richtige Mahlzeit einzunehmen. Dieses »belegte Brot« gehört jedoch zum amerikanischen Brauchtum wie die Coca-Cola. Ideal-Regel: Ein Sandwich darf man erst kurz vor dem Verzehr belegen und Zutaten wie Kopfsalat oder Tomaten müssen hundertprozentig frisch sein.*

## Tuna Sandwich
(Thunfisch-Sandwich)

Für 2 Sandwiches
Zubereitung: 10 Minuten

1 Dose Thunfisch in Wasser, abgetropft
1 Zwiebel, geschält und klein gewürfelt
1 Stange Staudensellerie, klein gewürfelt
1/4 grüne Paprika, entkernt und klein gewürfelt
70 g Mayonnaise oder Quark
Saft 1/2 Zitrone
Salz, Pfeffer
1 hart gekochtes Ei, gehackt (nach Belieben)
4 Scheiben Toastbrot, nach Belieben getoastet

Den Thunfisch in eine Schüssel geben und mit einer Gabel zerdrücken. Zwiebeln, Sellerie, Paprika, 50 Gramm Mayonnaise, Zitronensaft, Salz und Pfeffer zugeben. Eventuell das Ei untermischen. Das Brot dünn mit der restlichen Mayonnaise bestreichen. Die Thunfischmischung darauf verteilen, das Ganze mit einer Brotscheibe abdecken und das Sandwich schräg durchschneiden.

## Coleslaw
(Krautsalat)

6 Portionen
Zubereitung: 20 Minuten

200 ml Mayonnaise
3 EL Apfelessig
200 g Quark
1/4 Kopf Rotkohl, in feine Streifen geschnitten
1/4 Weisskohl, in feine Streifen geschnitten
2 Möhren, geraspelt
3 EL Lauchzwiebeln, fein geschnitten
Salz, Pfeffer
Senfkörner
Dill, zerkleinert

Für das Dressing Mayonnaise, Essig und Quark in einer Schüssel mischen. Kohl, Möhren und Lauchzwiebeln in eine Servierschlüssel geben und das Dressing hinzufügen. Salzen, pfeffern und alles gründlich mischen. Den Salat mit Senfkörnern und Dill bestreuen. Vor dem Servieren mindestens 1 Stunde ziehen lassen.

GOVERNMENT WARNING:
WARNING
OCCUPANCY BY MORE THAN PERSONS IS DANGEROUS AND UNLAWFUL
NOTICE
CIAO BELLA
SONY

# New York

## Melting Pot mit köstlichen Facetten

Manche Leute nehmen an, in New York würde man nichts anderes tun, als kochen, essen und trinken. Anders als in Paris, wo die Kochkunst über eine relativ homogene Fangemeinde regiert, setzt sich das New Yorker »Kochvolk« aus einer Vielzahl ethnischer Gruppen zusammen. Ihre Traditionen, ihre Kultur und selbst ihre Leidenschaften prägen die Esskultur dieser Metropole. Es gibt Menschen in New York, die aus ihrer Ernährung – ob schlicht oder raffiniert – eine Einkaufsphilosophie machen: Brot aus der City Bakery oder von Bouley, die Hummersuppe nur von Küchenchefs wie Daniel Boulud, die Pizza von Ray's oder von Lombardi, die Wurst von *delicatessen* Katz. Für das traditionelle Trinkgeld von einem Dollar schneiden Metzger die Wurst so dünn, dass man die Zeitung dadurch lesen kann. Diesen Obolus entrichten die Food-Fans offenbar genauso gern wie die Preise für Räucherfisch von Russ & Daughters, der mit einer Portion Psychoanalyse und Witz verkauft wird, wie sie für das russisch-jüdische Erbe und die Tradition typisch sind.

OBEN

*70 000 Chinesisch sprechende Menschen leben in New Yorks Chinatown – sie ist eine der größten ihrer Art in den USA. Auf den Marktständen stapeln sich Fisch und Meeresfrüchte; allein mehr als ein Dutzend Garnelenarten machen die Wahl zur Qual.*

Noch heute überschwemmen Einwanderungswellen die Stadt. Damit gelangen ständig neue kulinarische Anregungen in die Stadt. Seit Jahren kommen Mexikaner, Inder, Chinesen und Koreaner mit ihren Gerichten, Gewürzen und Restaurants.

Es fällt auf, dass jeder New Yorker der Beste seiner Art sein möchte. Das trifft besonders stark auf die Gastronomie zu. 1990 ging der Preis für den besten *hot dog* an Papaya King, der den gefürchteten John Labine geschlagen hatte. Seit einigen Jahren hat das Corner Bistrot in Greenwich Village die Siegespalme für den besten Hamburger der Stadt anscheinend abonniert. Eli Zabar, der jede Frucht, die er in seinen Luxus-Supermärkten verkauft, quasi persönlich kennt, wacht selbst täglich wie ein Zerberus über die Qualität seiner Produkte.

### Ethnische Köstlichkeiten

Die Beziehung der New Yorker zu ihrer Küche ist tatsächlich ein Teil ihrer Identität, ja sogar ihres Schicksals, wie die Geschichte des *deli* Russ & Daughters zeigt. Der makellose, Appetit anregende Laden, der auf der Lower East Side, im historischen Viertel der italienischen, chinesischen, russischen, polnischen und jüdischen Einwanderer liegt, ist mit seinen Cornichons-Fässchen und seinen Vitrinen mit Räucherfisch ein Highlight der New Yorker Gastronomie. Alles begann 1914, als Joel Russ, ein junger Immigrant aus dem polnischen Galizien, ein Unternehmen gründete. Anfangs bot er lediglich auf einem *pushcart* Trockenpilze an. Aus der Karre wurde rasch ein richtiger Laden. Sein Enkel, Mark Feldman, heute Manager des großen Betriebs, folgte seinen Fußstapfen. Die *success story* dieses Ladens ist an seinen Wänden dargestellt. Joel blickt von einem imposanten Ölporträt zufrieden auf seine erfolgreichen Nachkommen herab. Da ihm ein »Thronerbe« versagt blieb, stellte Joel seine drei Töchter Annie, Hattie und Ida hinter die Theke des ersten Ladens in der Orchard Street und nannte sein Geschäft Russ & Daughters. Eine gute Idee, wie der Erfolg beweist. Zwei der Töchter

OBEN UND LINKS
*Die Leuchtschrift* deli *weist den Weg zur jüdischen Küche New Yorks – zu köstlichen und gewiss koscheren Gerichten.*
*Das riesige Areal des Central Park in New York ist die grüne Lunge der Stadt und Ziel sonnenhungriger New Yorker, die mit ihrem riesigen Picknick-korb aufkreuzen - voll-gepackt mit Leckerbissen aus dem feinsten* deli.

fanden ihre Ehemänner im Laden und die Schwiegersöhne führten die Geschäfte ihres Schwiegervaters fort.

Joels Nachfahren können sich sehen lassen, Niki, Joels Urenkelin und Marks 23-jährige Tochter, besitzt ein Diplom vom Institut für Politische Wissenschaften in Paris, spricht fünf Sprachen fließend (darunter Japanisch) und sie glaubt, dass es ihre Berufung ist, Managerin des Familienbe-

OBEN
*In New York stehen die besten, frischesten und ausgefallensten Produkte den mit begehrten* awards *(Preisen) überhäuften Küchenchefs rund um die Uhr zur Verfügung.*

triebs zu werden. Schließlich haben ja schon drei Frauen dessen Geschicke gelenkt. Bei Russ & Daughters bleibt nichts dem Zufall überlassen: Die Fische werden noch heute in traditionellen Räuchereien ausgewählt – und der Kunde ist tatsächlich der King.

New York, der Schmelztiegel vieler Einwanderungswellen, war zu Beginn des 20. Jahrhunderts das Zentrum jüdischer Kultur. Die religiösen Vorschriften dieser Gemeinschaft bildeten die Grundlage einer köstlichen Kochkunst, die man heutzutage schlichtweg als amerikanisch bezeichnet und überall in den USA genießt.

Einige Straßen von Russ & Daughters entfernt schließt sich das italienische Viertel an, dann das chinesische, das griechische und all die anderen. Ganz gleich, in welches dieser Viertel man geht, man betritt immer ein kulinarisches Wunderland, ein Schlaraffenland voller Produkte, die dem Neuling geheimnisvoll erscheinen. Ganz anders als in den steril wirkenden amerikanischen Supermärkten mit ihrer vakuumverpackten Ware florieren hier Läden mit allen möglichen und unmöglichen Nahrungsmitteln. Hier einkaufen zu gehen, birgt die Gefahr, in einen Kaufrausch zu verfallen!

Die heterogenen Einflüsse verschiedenartiger Kulturen auf Küche und Kochkunst treten auch in vielen anderen Städten der USA zu Tage, doch in New York spürt man sie gebündelt wie sonst nirgendwo. Dort gibt es Märkte an allen Ecken der Stadt, ob in Manhattan, Brooklyn, Queens oder der Bronx. Mit den neuen Einwanderungswellen aus Afrika, Asien, Mittel- und Südamerika ist es für einen Koch leicht, sein Heimweh – oder auch Fernweh – zu stillen. Die kulinarische Weltreise kann man per U-Bahn machen und manchmal reicht es sogar schon die Straßenseite zu wechseln, um das Land zu wechseln.

### FUSION FOOD

Die enge Nachbarschaft verschiedenster ethnischer Gruppen führt zwangsläufig zu den unterschiedlichsten Mischungen. Und die Mischung aus Aromen und kulinarischen Traditionen hat in New York die Kreativität zum Kochen gebracht: Man nennt dieses Phänomen *fusion food*. *Fusion* heißt »Verschmelzung«. In New York findet sie praktisch täglich statt! Aus einer italienischen Pizza entsteht im Nu eine mexikanische Version. Man nimmt einfach einen Maisteig oder eine *tortilla* und belegt sie mit *salsa*, *cheddar*, Hähnchen und Tomaten an Stelle der klassischen Tomaten-Mozzarella-Kombination.

Restaurants wie das Sushi Samba (peruanisch-brasilianisch-japanisch!) entstehen am laufenden Band. Küchenchefs, die Zutaten verschiedener Kulturen verwenden, gieren ständig nach Neuem. Michael Otsuka, von wienerisch-jüdisch-japanisch-amerikanischer Abstammung, huldigt in seinem Restaurant »Thalia« einer asiatischen Küche auf Sahne- und Butter-Basis. Diese Form der kulinarischen Kreativität beschränkt sich nicht auf New York, doch hier fing (vermutlich) alles an – hier treibt alles die größten und schönsten Blüten.

### ESSEN AUF DER STRASSE

Ein weiteres typisch New Yorker Phänomen ist der Verkauf von Snacks auf der Straße. Karren, *booths* (kleine Buden) und Kioske offerieren *hot dogs, chili dogs,* Pizzas, Brezeln, *tacos,* Sandwiches mit Hähnchen, Falafel, Würste, Kaffee oder Cappuccino, *cookies, muffins, bagels* – kurzum: alles, was geschäftige Leute brauchen. So stehen denn auch *white collar workers* wie Manager und *blue collar workers* wie Bauarbeiter Seite an Seite und ergötzen sich an köstlichen Imbissen. Deren Qualität lässt sich an der Länge der Warteschlange messen. Die

*vendors* (Straßenhändler) verkaufen nur zur Essenszeit. Sie haben acht Stunden am Tag geöffnet. Jene, die irgendwann etwas futtern möchten, haben halt Pech – das ist wohl schon jedem New Yorker mal passiert!

Die Anschläge des 11. September 2001 auf das World Trade Center haben New York auf unglaublich schreckliche Weise getroffen. Doch trotz des Grauens hat diese Stadt ihr großartiges Format gezeigt. Eine spontane Solidarität einte die New Yorker in dem unerschütterlichen Willen: weiterleben, weiterarbeiten und weiteressen – nun gerade erst recht. Menschen aller Bevölkerungsgruppen brachten Essen zum *ground zero,* um den hauptberuflichen oder ehrenamtlichen Helfern ein wenig Kraft zu geben. Ein großer New Yorker Küchenchef hat sein Restaurant für drei Monate in eine Kantine verwandelt, um den Helfern, die von morgens bis abends geschuftet haben, in der bedrückenden Umgebung *a taste of New York* zu geben. New York lebt!

LINKS UND OBEN

*Ein rustikaler, üppiger farmers' market findet am Union Square statt, mitten in New York, am Fuß der Wolkenkratzer. New Yorker lieben ihre ausgezeichneten Brotsorten, die es in vielerlei Geschmacksrichtungen gibt. Brot mit einer der köstlichen Käsesorten – ein wahrer Hochgenuss!*

*Die Bars in New York sind eine eigene Welt. Dort wird viel Bier getrunken, frisch gezapft oder aus der Flasche. Dazu Cocktails nach althergebrachten Regeln: Man muss genau unterscheiden zwischen einem Martini dry mit einer Olive und einem Gibson mit einer kleinen weißen Zwiebel. Bloß nichts verwechseln, ganz zu schweigen vom Glas, das zum Cocktail passen muss!*

Coors
LIGHT
BEER

GEGENÜBER UND UNTEN
*Blick von einer Terrasse am Central Park West. Die Dachterrasse steht allen Hausbewohnern zur Verfügung, die dort ein Gläschen trinken, im Freien speisen oder den Sonnenuntergang genießen können. Dieser* coffee shop, *mit seiner Einrichtung im Stil der 1950er Jahre, liegt gegenüber dem* farmers' market *am Union Square.*

## Manhattan

4 cl kanadischer Whisky
1 cl trockener Wermut
1 cl roter Wermut
1 Stück Zitronenschale oder
  1 kandierte Kirsche

Alle Zutaten in einen Shaker mit zerstoßenem Eis geben, kräftig schütteln und die Flüssigkeit in ein Manhattan-Glas abseihen.

## Cosmopolitan

1 ungespritze Limette
3 cl Wodka mit Zitrone
2 cl Triple-sec
2 cl Cranberry-Saft *(cranberry juice)*

Ein Stück Limettenschale abschälen. Die Frucht auspressen. Restliche Schale wegwerfen.
Alle Zutaten in einen Shaker mit Eiswürfeln geben, schütteln und durch ein Sieb in ein Glas gießen.

## Margarita

4 cl Tequila
2 cl Limettensaft
  oder Zitronensaft
2 cl Triple-sec (oder Cointreau)

Die Zutaten in ein Glas mit grob zerstoßenem Eis geben, schwenken und das Ganze in ein anderes Glas abseihen.

OBEN
*New Yorks Chinatown bietet 200 chinesische Restaurants, unter denen alle Küchen Chinas vertreten sind: Kanton, Sichuan, Shanghai und Suzhou.*

## Gene's Chinese Chicken
### (Chinesisches Hähnchen à la Gene)

6 Portionen
Zubereitung: 20 Minuten
Garzeit: 60 bis 80 Minuten

- 6 Hähnchenkeulen
- 2 EL Erdnussöl
- 50 g Oliven, in Stücke geschnitten
- 3 Knoblauchzehen, zerdrückt
- 1 EL frischer Ingwer, geraspelt
- 3 EL gesalzene Schwarze Bohnen
- 3 EL Sojasauce
- 1/4 l Hühnerbrühe
- 3 EL süsser Wein oder Apfelsaft
- 1 TL Chilipulver
- 2 TL Paprikapulver
- 1 EL Kümmelpulver
- Salz, Pfeffer
- Wein oder Wasser zum Begiessen

Die Hähnchenkeulen dick mit Öl bestreichen. Mit dem restlichen Öl eine große feuerfeste Servierplatte einfetten (notfalls einen flachen Bräter nehmen). Die Hähnchenkeulen nebeneinander auf die Platte legen und Oliven, Knoblauch, Ingwer und Bohnen gleichmäßig darauf verteilen.

Sojasauce, Brühe, Wein, Chili-, Paprika- und Kümmelpulver in einer kleinen Schüssel gründlich mischen. Mit Salz und Pfeffer abschmecken. Die Mischung auf die Hähnchenkeulen träufeln und das Ganze mindestens 1 Stunde stehen lassen, damit die Gewürzsauce gut einziehen kann.

Den Backofen auf 200 °C (Gas Stufe 3) vorheizen.

Die Hähnchenkeulen im vorgeheizten Backofen 1 Stunde garen, dabei das Geflügel von Zeit zu Zeit mit etwas Wein oder Wasser übergießen.

Das Gericht heiß auf der Platte servieren und nach Belieben ein leichtes Brot dazu reichen.

## Asparagus Pasta
(Pasta mit Spargel und Erbsen)

6 Portionen
Zubereitung: 30 Minuten
Garzeit: 30 Minuten

1 kg Spargel, geschält
250 g frische enthülste Erbsen
500 g Penne
3 EL Olivenöl
1/4 l Gemüsebrühe
1/4 l Crème fraîche
Salz, Pfeffer
3 EL frisches zerkleinertes Basilikum
Parmesan, frisch gerieben

In einem großen Topf reichlich Wasser zum Kochen bringen. Die Spargel zugeben und 2 Minuten blanchieren. Mit einem Schaumlöffel herausnehmen und beiseite stellen. Die Erbsen ins Wasser geben und ebenfalls 2 Minuten blanchieren. Abgießen und beiseite stellen.
Für die Penne in einem großen Topf reichlich Wasser zum Kochen bringen.
Inzwischen das Öl in einer großen Pfanne erhitzen. Spargel und Erbsen hinzufügen und sautieren. In einem kleinen Topf Brühe und Crème fraîche zum Kochen bringen. Mit Salz und Pfeffer würzen. 3 Minuten köcheln lassen und über das Gemüse gießen.
Die Penne ins kochende Wasser geben und garen, bis sie *al dente* sind. Die Spargel-Erbsen-Mischung und das Basilikum zugeben und das Ganze bei geringer Temperatur einige Minuten köcheln lassen. Abgießen und abschmecken.
Zum Servieren die Pasta mit Parmesan bestreuen.

OBEN
*Das Eröffnungsjahr alteingesessener Restaurants wird oft auf die Hauswand geschrieben, weil die stolzen Besitzer ihre Gäste darauf aufmerksam machen wollen. Diese für Downtown Manhattan typischen Häuser in Little Italy werden regelmäßig renoviert, damit sie immer attraktiv aussehen.*

GEGENÜBER

*Cocina criolla nennt man die traditionelle puertorikanische Küche, die vor allem Schweinefleisch verwendet. Reis und Bohnen sind Grundnahrungsmittel; sie werden gemeinsam serviert – oft von salsa und Musik begleitet.*

## Guisado de puerco
### (Pork Stew, Schweinefleisch-Ragout)

4 Portionen
Zubereitung: 10 Minuten
Garzeit: 1 Stunde 15 Minuten

2 EL Pflanzenöl
1 kg Schweineschulter ohne Knochen und Fett, in Würfel geschnitten
2 oder 3 EL Sofrito (Rezept unten)
1/4 l Wasser
1 EL Crème fraîche
frischer zerkleinerter Koriander

Öl in einer Pfanne erhitzen. Die Fleischwürfel hinzufügen und braten, bis sie rundum goldbraun sind. Sofrito zugeben und dabei den anhaftenden Fleischsaft vom Pfannenboden ablösen.
Wasser zugießen und alles – zugedeckt etwa 1 Stunde köcheln lassen, bis das Fleisch gar ist. Das Fett abschöpfen.
Zum Servieren das Ragout auf tiefen Tellern anrichten, etwas Crème fraîche zugeben und mit Koriander bestreuen.

*Sofrito, ein Grundelement der kubanischen und puertorikanischen Küche, ist eine Art salsa, die im Voraus zubereitet werden kann und sich im Kühlschrank zwei Wochen hält. Sie passt zu allen Fleischarten. Ein Teelöffel dieser Sauce verleiht Suppen oder Ragout ein feines kubanisches oder puertorikanisches Aroma.*

## Sofrito
### (Paprika-Salsa)

2 rote Paprikaschoten
3 grüne Paprikaschoten
2 Tomaten
8 Knoblauchzehen
2 Zwiebeln
1 EL Oregano
1 Bund frischer Koriander
2 cl Olivenöl
Salz

Alle Zutaten im Mixer grob zerkleinern. Die Mischung in eine Kasserolle geben und bei geringer Hitze etwa 15 Minuten köcheln lassen, bis die Paprika weich, aber noch bissfest ist.
Abkühlen lassen und im Kühlschrank aufbewahren.

## Irish Stew
### (Irisches Ragout)

6 Portionen
Zubereitung: 30 Minuten
Garzeit: 2 Stunden, am Vorabend

2 EL Erdnussöl
4 mittelgrosse Zwiebeln, geschält und gewürfelt
2 kg Ragoutfleisch vom Lamm (Hals und/oder Schulter), in Würfel geschnitten
2 TL frischer zerkleinerter Thymian
Salz, Pfeffer
3 mittelgrosse Kartoffeln, in Scheiben geschnitten
75 cl Hühnerbrühe oder Wasser
1 Tropfen Worcestersauce
6 mittelgrosse Kartoffeln, geschält und halbiert
8 Möhren, in 1 cm dicke Scheiben geschnitten
50 g Gerste

Den Backofen auf 180 °C (Gas Stufe 2) vorheizen.
Öl in einer Kasserolle erhitzen. Die Zwiebeln zugeben und braten, bis sie weich sind. Fleisch und Thymian zugeben. Mit Salz und Pfeffer würzen. Kartoffelscheiben (zum Andicken der Sauce), Brühe und Worcestersauce hinzufügen. Das Ganze zum Kochen bringen und 3 Minuten kochen lassen.
Die halbierten Kartoffeln zugeben. Die Kasserolle zudecken und das Ragout im vorgeheizten Backofen 1 Stunde garen.
Möhren und Gerste in das Ragout geben. Alles gründlich mischen und im Backofen weitere 45 Minuten bis 1 Stunde garen, bis das Fleisch weich und zart ist.
Das Ragout abkühlen lassen und über Nacht in den Kühlschrank stellen. Am nächsten Tag das fest gewordene Fett mit einem Löffel abschöpfen.
Zum Servieren das Ragout bei geringer Hitze wärmen.

Wie bei vielen Ragouts und anderen traditionellen Rezepten gibt es von Irish Stew so viele Varianten wie es Iren in USA gibt. Manche beschwören, dass Steckrüben hineingehören, andere halten Pastinaken oder Erbsen für unabdingbar. Viele ergänzen das Rezept um Speck, manche sogar um ein wenig Crème fraîche. Nur in einem sind sich alle einig: Es gehört keinesfalls Mehl hinein, denn zum Andicken der Sauce dienen die Kartoffeln und eventuell die Gerste.

# DIE LECKERBISSEN DER DELICATESSEN

**GEGENÜBER**
*Bei Katz's erfüllt die große alte Waage immer noch ihren Zweck.*

Die *delicatessen* haben sich die hohe Qualität der Kolonialwarenläden von einst bewahrt. Als Mischung zwischen Feinkostgeschäft und Restaurant bieten sie meistens einen saalartigen Gastraum, in dem man sich bequem zu Tisch setzen kann. Üppige Auslagen präsentieren die Zutaten und fertige Gerichte, die man mit nach Hause nehmen oder vor Ort verzehren kann. Die heutigen *delicatessen* sind die Quintessenz der jüdischen Küchenkultur und wurden tatsächlich in Amerika »erfunden«. Nur wenige Amerikaner benutzen die offizielle Bezeichnung *delicatessen*, sondern immer nur die Kurzform: »*deli*«.
In den *delis* – zuerst in New York und dann in den ganzen Vereinigten Staaten – ersetzte man das in den Frankfurtern und in der Salami üblicherweise verwendete Schweinefleisch durch gewürztes Rindfleisch. So ist die koschere Pastrami – mit ihrem legendären Sandwich – ein Lieblingsgericht der Amerikaner geworden. Zu den Favoriten zählen auch *kosher dill pickles* (koschere Cornichons), die es in raffiniert abgestuften Geschmacksvarianten gibt (sauer, halb sauer, viertel sauer, süßsauer, mit Knoblauch oder ohne). Auch das beliebteste Brot der jüdisch-amerikanischen Gastronomie, der *bagel*, genießt einen guten Ruf. Die *delicatessen* umgibt in den USA eine Art mystische Aura. Das Carnegie Deli am Broadway – in den Filmen von Woody Allen verewigt – ist seit Jahr und Tag eine Hochburg der Promis. Außerhalb New Yorks nennen manche *delis* ihre Sandwiches nach Filmstars, zum Beispiel »Humphrey Bogart« ist ein Kümmelbrot-Sandwich mit Hähnchensalat. Heutzutage zollen die meisten *delis* dem amerikanischen Geschmack ihren Tribut und bieten auch Putenschnitzel, Rostbeef und *coleslaw* an.

*Kaviar gehört zum Standardangebot der* delis; *man kann ihn vor Ort verzehren oder mit nach Hause nehmen.*

Delis *sind meist sehr groß und ziemlich altmodisch eingerichtet. An den Wänden prangen die Fotos von Prominenten.*

*Salami ist italienischen Ursprungs, doch nur mit Rindfleisch hergestellt wird sie* kosher salami *– ein wichtiges Produkt in* delis.

ORDER
DETECTO SCALES

GEGENÜBER
*Wie für viele ethnische Rezepte gibt es auch für gehackte Geflügelleber vielerlei Varianten: mit etwas zerkleinertem Knoblauch oder mit roher statt mit gegarter Zwiebel oder mit ein wenig rohem gehacktem Staudensellerie.*

## Borschtsch

6 Portionen
Zubereitung: 15 Minuten
Garzeit: 1 Stunde 20 Minuten

5 grosse rohe Rote Bete, geschält und geraspelt
1 Zwiebel, klein gewürfelt
Saft 1 Zitrone
1 EL Zucker
2 Eier
Salz, Pfeffer

Die Roten Beten, Zwiebeln und 2 Liter Wasser in einen großen Topf geben und etwa 45 Minuten garen, bis sie weich sind. Zitronensaft und Zucker hinzufügen und weitere 20 Minuten garen.
Inzwischen die Eier verquirlen, dabei salzen, pfeffern und 1 Esslöffel kaltes Wasser zugeben. Ohne mit dem Schlagen aufzuhören, etwas Brühe aus dem Topf zugießen,
Die Eimasse zum Gemüse geben und alles gründlich verrühren.
Den Borschtsch heiß oder kalt servieren. Nach Belieben 1 Esslöffel fein gewürfelte Gurke oder zerkleinertes hart gekochtes Ei zugeben.

## Chopped Liver
(Gehackte Geflügelleber)

8 Portionen
Zubereitung: 15 Minuten
Garzeit: 45 Minuten

3 EL Gänseschmalz
500 g Geflügelleber
4 Zwiebeln, in feine Ringe geschnitten
4 hart gekochte Eier
1 TL Salz
Pfeffer

Das Gänseschmalz in einen Topf geben, die Geflügelleber hinzufügen und kurz anbraten (sie muss noch leicht rosa sein). Mit einem Schaumlöffel herausnehmen und beiseite stellen.
Die Zwiebeln im Gänseschmalz glasig werden lassen.
Zwiebeln, Leber, Eier im Mixer grob zerkleinern. Mit Salz und Pfeffer würzen. (Wer keinen Mixer hat, kann die Zutaten mit einer Gabel zerdrücken und mischen.)
Die Mischung in eine Terrine geben und mit deftigem Landbrot zum Aperitif, als Hors-d'œuvre mit Cornichons oder auf Sandwiches servieren.

## Chopped Herring
(Gehackte Heringe)

6 Portionen
Zubereitung : 10 Minuten

1 Glas Rollmopse
40 g Brotrinde
1 mittelgrosse Zwiebel
2 kleine Äpfel mit der Schale, ohne Kernhaus
3 hart gekochte Eier
1 TL Zucker
2 EL Öl

Die Holzstäbchen aus den Heringsröllchen herausziehen. Die Filets gründlich unter fließendem kaltem Wasser abspülen und gut abtropfen lassen. Die Flüssigkeit aus dem Glas aufbewahren. Die Brotrinde in 3 Esslöffeln Heringsflüssigkeit einweichen. Heringe, Zwiebeln, Äpfel und die Eier (bis auf 2 Eigelbe) im Mixer grob zerkleinern oder per Hand hacken.
Zucker, Öl und Brotrinde unterrühren. Schmeckt die Mischung zu sauer, noch etwas Brot zugeben. Die 2 Eigelbe zerkrümeln, vor dem Servieren über die Heringe streuen.

## Sandwich Submarine

1 Portion
Zubereitung: 10 Minuten

1/2 Baguette
Senf
Mayonnaise
5 Scheiben Roastbeef, hauchdünn geschnitten
5 Scheiben Gruyère
6 Tomatenscheiben
4 Blätter Kopfsalat
hauchdünn geschnittene Zwiebelringe

Das Brot dick mit Senf und Mayonnaise bestreichen und mit den restlichen Zutaten belegen. Fertig.
Menge und Art des Belags stehen jedem frei, erlaubt ist, was schmeckt (Hähnchen, Salami, Wurst, hart gekochte Eier, Paprikaschoten) – nur frisch muss alles sein.

## Hamburger Extraklasse (mit oder ohne Brot)

4 Portionen
Zubereitung: 10 Minuten
Garzeit: zwischen 5 und 7 Minuten

2 EL Butter
2 Zwiebeln, fein gewürfelt
500 g Rinderhackfleisch
1 Ei
Petersilie
Salz, Pfeffer
Mehl
Brot oder Hamburger-Brötchen
Ketchup

Für die Variante ohne Brot:
1/8 l Gemüsebrühe oder Wein
2 EL Butter

Die Butter in einer Pfanne zerlassen. Die Zwiebeln zugeben und glasig braten.
Zwiebeln, Hackfleisch, Ei, Petersilie, Salz und Pfeffer gründlich mischen.
Aus dem Fleischteig 4 Hamburger formen und diese leicht in Mehl wenden. In der Pfanne, in der die Zwiebeln waren, von jeder Seite 2 bis 3 Minuten braten.

Für die Variante ohne Brot die fertigen Hamburger warm stellen. Das Fett aus der Pfanne wegschütten.
Bei starker Hitze die Brühe in die Pfanne gießen und dabei die am Pfannenboden haftenden Fleischpartikel lösen.
Die Brühe um die Hälfte einkochen lassen. Vom Herd nehmen und langsam die Butter einrühren.
Zum Servieren die Hamburger auf Tellern anrichten und die Sauce darüber gießen.

## FASTFOOD: SCHNELL UND LECKER …

GEGENÜBER
*Der* hamburger, *ein Hacksteak auf einem speziellen Brötchen, dem* bun, *ist so rein amerikanisch wie das Sternenbanner. Aufgepeppt wird der Klassiker nach Lust und Laune zum Beispiel mit Ketchup, Mayonnaise, Senf, einer Tomatenscheibe, einem Salatblatt, einer Scheibe Speck, rohen Zwiebelringen, Cornichons und vielem anderem. Wenn man einen Cheeseburger möchte, gibt man eine Scheibe Käse zu.*

In den USA gibt es 300 000 *Fastfood*-Restaurants; sie stellen tatsächlich einen ganz eigenen Zweig der Nahrungsmittelindustrie dar. An der Beliebtheit des *fast food* lässt sich nicht rütteln. Millionen Menschen schätzen die einfache, preiswerte Nahrung, die man schnell bestellen und schnell verzehren kann. Teller und Tisch spielen keine Rolle, denn *fast food* ist immer auch *finger food.*

*Fast food* spiegelt das Tempo des Lebens in den USA, vor allem in den Großstädten wider. Es wird häufig per Telefon bestellt, manchmal per Fax (dann *fax-food* genannt) und nach Hause oder ins Büro geliefert – daher auch die Bezeichnung *take out* (zum Mitnehmen). Das klassische *fast food* ist das Sandwich, aber es kann auch ein *hamburger* oder eine Pizza sein. Entgegen aller Schmähungen kann *fast food* durchaus hervorragend schmecken, wie zum Beispiel die Bruschetta mit Pilzen. Nicht ohne triftigen Grund warnen Ernährungsspezialisten vor der großen Kalorienmenge, der üppigen Salzmenge, dem vielen Fett und Cholesterin. Man sollte insbesondere das klassische *fast food* tatsächlich mit ein wenig Zurückhaltung genießen! Die Warnungen wurden jedoch gehört, denn seit einiger Zeit vermehren sich die Aktivitäten, die Qualität von *fast food* zu verbessern, beispielsweise mit Gourmet- oder Bio-Aktionen und durch die Entwicklung von vegetarischem *fast food.*

# LUNCHEONETTES: GUT UND OHNE UMSTÄNDE ESSEN

GEGENÜBER
Luncheonettes *darf man nicht mit den* diners *verwechseln, die man eher an Überlandstraßen und in weniger städtischen Gebieten findet.*

Das *lunch* (Mittagessen) ist nicht die einzige Mahlzeit, die man in den *luncheonettes* einnehmen kann. Traditionell steht auch das Frühstück auf der Speisekarte dieser Café-Restaurants, die für amerikanische Städte so typisch sind, vor allem für die großen Metropolen wie New York. Die *luncheonettes* wirken etwas altmodisch, erinnern an die 1950er Jahre, in denen sie sehr beliebt waren. Sie erwecken ein Gefühl von Behaglichkeit und Leichtigkeit, weil sie die Möglichkeit bieten, gut und ohne große Umstände zu essen. In ihrem Ambiente fühlt man sich fast wie zu Hause und die Speisekarte bietet Gerichte, die schmecken und einigermaßen weit entfernt sind von dem charakterlosen *fast food*.
Die Einrichtung der *luncheonettes* dürfte allen, die sich mit der amerikanischen Alltagskultur befassen, wohl bekannt sein. In einem meist rechteckigen, länglichen Raum steht eine lange Resopal-Theke dem Grill gegenüber, wo man zusehen kann, wie die Bestellung zubereitet wird. Platz nimmt man auf Barhockern, die am Boden befestigt sind und sich drehen; häufig gibt es auch einige Tische.
Die Öffnungszeiten richten sich nach den arbeitenden Menschen: Um 6.30 Uhr wird geöffnet, bis Mittag serviert man Frühstück; dann wird der Grill gereinigt und die *pancakes* machen den *hamburgers* und *sandwiches* Platz. Gegen 15 Uhr ist die Aufgabe – ein anständiges Essen zu einem vernünftigen Preis für nicht allzu empfindliche Mägen zu servieren – erfüllt. Die *luncheonettes* schließen für den Rest des Tages. In einer *luncheonette* isst man normalerweise nicht zu Abend.

*Auf der Theke einer* luncheonette *steht keinerlei Schnickschnack; sie dient einem gut funktionierenden und raschen Service.*

*Die Gläser sind robust und stapelbar. Alkohol wird in* luncheonettes *nicht ausgeschenkt, aber Eistee gibt es nach Belieben in großen Krügen.*

*Sandwiches sind ein Muss auf der Speisekarte, hier Kümmelbrot mit Pastrami, köstlichem gepökeltem Rindfleisch, typisch für die Küche der jüdischen Ashkenasim.*

## Cheesecake
(Käsekuchen)

10 Portionen
Zubereitung: 20 Minuten
Backzeit: 1 Stunde

10 g Butter für die Form

Für den Boden:
100 g trockene Plätzchen (einfache Schokoladenplätzchen)
100 g zerlassene Butter
50 g Zucker
1 1/2 TL Zimt

Für die Füllung:
500 g Ricotta
200 g Quark
4 Eier
350 g Zucker
1 1/2 TL Vanillesauce

Den Backofen auf 180 °C (Gas Stufe 2) vorheizen. Eine runde Backform (Durchmesser 22 Zentimeter) fetten.
Für den Teig die Plätzchen zerkrümeln, Zucker, Butter und Zimt zugeben und alles gründlich verrühren. Den Teig in die Form geben und an den Ränder hochziehen.
Für die Füllung Ricotta und Quark mischen, bis eine gleichmäßige Masse entsteht. Die Eier nacheinander zugeben – nach jedem Ei die Füllung gründlich schlagen. Zucker und Vanille hinzufügen, dabei ständig weiterschlagen.
Die Füllung in die Form geben und glatt streichen. Den Kuchen im vorgeheizten Backofen 1 Stunde backen.
Den Kuchen erst aus der Form nehmen, wenn er vollständig abgekühlt ist. Bis zum Servieren im Kühlschrank aufbewahren.

Der Käsekuchen wird in den USA mit *cream cheese* zubereitet. Außer Ricotta können Sie auch jede andere naturbelassene Frischkäsesorten verwenden.

RECHTS
*Die Backwaren in den Schaufenstern der New Yorker* bakeries *spiegeln eindrucksvoll die multiethnische Geschichte der Stadt wider.*

## BÄCKEREIEN »MADE IN NEW YORK«

New York ist ein Bäckereien- und Konditoreien-Paradies. Das englische Wort *bakery* bezeichnet ein Geschäft, in dem man entweder Brot kauft oder Kuchen – oder auch beides. Hier findet man Süßigkeiten und Brote aus der ganzen Welt, denn alle Einwanderer brachten ihre Rezepte und ihre Backgeheimnisse mit. Auf dem Gebiet der Backwaren stehen die Italiener und die Juden an der Spitze, die Franzosen kommen knapp dahinter. Über Jahrzehnte standen die industriell hergestellten, in Cellophan verpackten Produkte mit sehr langer Haltbarkeit im Vordergrund. Heutzutage haben die Menschen wieder Geschmack an Erzeugnissen gefunden, die frisch aus dem Ofen kommen und wie hausgemacht schmecken.
Die *bakeries* repräsentieren eine alte Welt, die im Kontrast zu den Wolkenkratzern der New Yorker Stadtlandschaft steht. Sie füllen die Straßen mit herrlichen, altmodisch heimelig wirkenden Aromen. In Anpassung an unsere hektisch-anspruchsvolle Zeit setzen die New Yorker Bäcker ihren Ehrgeiz daran, ständig neue köstliche Produkte zu entwickeln. Die *bagels* der Juden Mitteleuropas, französische Baguettes, deutsch-ungarischer Pumpernickel, österreichische Strudel, aber auch echt amerikanische *pies* (Obstkuchen), *doughnuts* (Krapfen) und *cheesecakes* (Käsekuchen) verlassen die Backöfen der New Yorker *bakeries* und erzählen eine eigene Geschichte.

DOUGHNUTS

COOKIES

MUFFINS

*Der* doughnut, *weniger fett als sein Verwandter, der Krapfen, hat typischerweise ein Loch in der Mitte. Das amerikanische Traditionsgebäck isst man zum Frühstück oder als kleinen Imbiss im Lauf des Tages.*

*Amerikanische Plätzchen gibt es in den verschiedensten Größen und Formen. Der Teig aus Butter, Zucker, Eiern und Mehl ist leicht und zart. Beim Ausstechen sind der Kreativität keine Grenzen gesetzt. Besonders köstlich schmecken die mit Marmelade oder Zitronencreme gefüllten Doppeldecker.*

*Ein Klassiker: Muffin mit Heidelbeeren; aber auch alle anderen Beeren verleihen den kleinen Kuchen fruchtig-frischen Geschmack. Muffins schmecken heiß, lauwarm, kalt, halbiert, mit Butter oder Gelee bestrichen …*

TOFFEES

COOKIES

APPLE PIE

MUFFINS

*Mit Butter, zart schmelzend und doch knusprig, rechteckig geschnitten, stehen* toffees *auf halbem Weg zwischen Konfekt und Kuchen.*

*Die berühmten* cookies *mit Schokoladenstückchen sind auf der ganzen Welt begehrt.*

*Bei der amerikanischen* pie *dient der Teig, im Unterschied zum Obstkuchen, nicht nur als Boden, sondern auch als Deckel. Im Bild: eine* apple pie *im Mini-Format.*

*Die Vielfalt an* muffins *ist groß. Hier sind drei der häufigsten: mit Heidelbeeren, mit Zitrone und Mohn und mit Mais.*

TORTELETT MIT PEKANNÜSSEN

SANDKUCHEN

TORTELETT MIT ZITRONENFÜLLUNG

*Dieser gefüllte Kuchen, typisch für die Südstaaten, kann selbstverständlich auch in kleinen Formen gebacken werden.*

*Vor Festen, vor allem vor Weihnachten, wird das Backen von Sandkuchen wie eine wahre Kunst ausgeübt.*

*In einer kleinen Form gebacken wirkt der Zitronencreme-Kuchen besonders elegant und verführerisch.*

## COOKIES, MUFFINS & CO.

Die amerikanischen Plätzchen gehen zum größten Teil auf mittel- und osteuropäische Traditionen zurück; selbst das Wort *cookie* kommt vom deutschen Wort »Kuchen«.
Als süße Begleiter der obligatorischen Tasse Kaffee sind sie unschlagbar. Sie schmecken eigentlich immer … rund um die Uhr.
Ohne *cookies* kommt wohl kaum ein Amerikaner durchs Leben. Das spiegelt sich in der immensen Vielfalt der *Cookie*-Rezepte wider. Amerikanische Kochbücher, zumindest die Mehrzahl, widmen diesen kleinen Leckerbissen eine beträchtliche Anzahl Seiten.
Eine Variante des *cookie* sind die *squares* oder *bars* (rechteckige Plätzchen), zu denen man die *brownies*, die *fruit squares* und die *toffees* rechnen kann. Amerikaner backen häufig selbst ihre Plätzchen und verschenken sie in dekorativen Dosen, bunten Schachteln und hübschen Tüten zu Weihnachten oder anderen festlichen Gelegenheiten.
Frühstück heißt: *doughnuts* oder *muffins* – in unzähligen Varianten (nicht selten gepaart mit *bacon and eggs*). *Doughnuts* (runde Krapfen mit Loch in der Mitte) – manchmal mit Konfitüre oder Creme gefüllt – werden in Konditoreien, aber auch in speziellen Läden und Snackbars verkauft. Am nährstoffreichsten und das am wenigsten süße Gebäck sind die *muffins*, wenn sie aus Vollkorn, Kleie oder Mais gebacken werden. Doch das ist nur eine Variante der reichhaltigen Palette dieser kleinen Kuchen, die zum Beispiel Beeren jeder Sorte, Fruchtstückchen und – superköstlich – Schokoladenbröckchen enthalten. Neben diesen Klassikern kitzeln noch alle Arten von Obstkuchen und *pies* den amerikanischen Gaumen. Und alle gibt es in Miniversion – leckere und dekorative Appetithappen.

# Der Süden

## Einzigartig, Modern & Traditionell

OBEN

*Im Süden gibt es die seltensten und außergewöhnlichsten Gerichte: Schildkröte, Krokodil, Froschschenkel, Krabben mit weichen Schalen (sie werden ungeschält gegessen). Dazu reicht man unterschiedliche Saucen.*

Wie in einem Video-Clip taucht eine Kaskade von Bildern und Assoziationen auf, wenn man an die Südstaaten der USA denkt: die Bayous, die Everglades oder die Florida Keys, heißer Jazz, glühende Hitze, Brathähnchen, Kreolen und Cajuns, Rum und Bourbon, endlose Plantagen, Baumwolle, Bürgerkrieg, New Orleans, Sklaven, pompöse Bälle, Barbecue, Tabak … Zu diesen »festen Größen« zählt auch die Literatur des Südens mit ihren weltweit bekannten Autoren wie zum Beispiel Eudora Welty, Truman Capote, Carson McCullers, Flannery O'Connor, Tennessee Williams, William Faulkner, William Styron oder der Krimiautor James Lee Burke. Unter allen Regionen der USA ragt allein der Süden in dieser facettenreichen Weise heraus.

Was versteht man unter »dem Süden«? Er umfasst die neun Südstaaten des Bürgerkriegs: Alabama, Arkansas, North Carolina, South Carolina, Florida, Georgia, Mississippi, Tennessee und Virginia, außerdem Delaware, Kentucky, Maryland, Missouri und West-Virgina. Und nicht zu vergessen, das geradezu zum Mythos erhobene Louisiana.

Plantagen, Sklaven und Baumwolle als Monokultur gehören der Vergangenheit an, doch der Süden hütet seine Eigenart wie einen Goldschatz. Wir kennen seine Geschichte, wenn auch meist nur in vereinfachter Form. Diese riesige Region scheint der modernen Welt zu widerstehen – zumindest präsentiert sie sich so dem flüchtigen Betrachter. Bollwerk und Brücke zugleich bildet die Küche der Südstaaten, die einerseits ausgeprägte traditionelle Züge zeigt, sich andererseits den Neuerungen nicht verschließt – ähnlich wie es heute überall in den Vereinigten Staaten geschieht.

### Ein wenig Geschichte

Europäische Einwanderer, die Ende des 16. Jahrhunderts begannen, den Süden zu besiedeln, prägten die Bevölkerung dieser Region. Als den wichtigsten Einfluss darf man jedoch den erzwungenen Zustrom der afrikanischer Sklaven betrachten – eine halbe Million zwischen 1619 und 1808 (bis die Sklaverei de jure verboten wurde). Eine Fülle von Dokumenten und Studien sowie die aufgezeichneten persönlichen Berichte von Sklaven, die trotz aller Verbote lesen und schreiben gelernt hatten, geben uns einen guten Einblick ins damalige Alltagsleben.

Die Nahrung der Sklaven bestand hauptsächlich aus Gemüse, auf den Plantagen an der Küste aus Reisbruch. Fleisch stand ihnen, wenn überhaupt, meist nur in Form von Stücken mit vielen Knochen (Füße, Köpfe) zur Verfügung. Zu den Glücklichen zählten jene Sklaven, die einen Eintopf aus Schweineschmalz und Gemüse zubereiten konnten. Das Gericht köchelte den ganzen Tag und wurde nach der Arbeit verzehrt.

Aus Aufzeichnungen eines befreiten Sklaven erfährt man, was seine »enthaltsame« weiße Familie zum Frühstück verzehrte: Gemüse, Obst, Eier, Steak, Bacon, Buchweizen- oder Weizenbrot. Grundbesitzer und Bauern verspeisten darüber hinaus noch Obstkuchen und Süßspeisen, Roastbeef und Süßkartoffeln.

### SOUL FOOD

Auf den Plantagen bauten die Sklaven Weizen, Mais, Roggen, Hafer, Erdnüsse, Süßkartoffeln und manchmal Reis an. Sie kümmerten sich um den Gemüsegarten, der das tägliche Gemüse lieferte, und um das Schlachten der Schweine.

LINKS UND OBEN
*Die geheimnisvollen, wilden Bayous, die Sümpfe, bilden einen krassen Gegensatz zur Raffinesse der althergebrachten Lebensart. Allgegenwärtig ist der* mint julep *– ein typischer Südstaatendrink aus Bourbon, Minze, Wasser und Zucker.*

Ihr eigenes Essen kochten die Sklaven auf einem großen Herd in einem gusseisernen Tiegel (häufig ihr einziges Kochgeschirr). Darin brieten sie Speck oder anderes Fleisch (wenn vorhanden) und backten *hoe*, ein Maisbrot, das zu ihren Grundnahrungsmitteln zählte.

Das *soul food* – die Küche der Afroamerikaner – basiert auf den Küchen Westafrikas und des amerikanischen

OBEN
*Im Süden pflegt man einen sehr individuellen kulinarischen Stil. Sogar den* hot dog, *der landauf, landab auf der Straße verkauft wird, hat man in* lucky dog *umgetauft. Geprägt wird die Esskultur des Südens von der kreolischen und der Cajun-Küche.*

Südens, ebenso wie auf der Erfindungsgabe der Sklaven, die Abfälle von den Mahlzeiten ihrer Herren zu nutzen.

Mit den Sklaven gelangten einige neue Nahrungsmittel nach Amerika, wie zum Beispiel Yams, Wassermelone, Okra und verschiedene Bohnenarten. Traditionell verwendete man in Westafrika alle Teile von Pflanzen und Tieren, und dies half den Sklaven zu überleben. Während Afrikaner das Fleisch als Ragout oder über dem Feuer garten, übernahmen viele Sklaven in den Vereinigten Staaten die europäische Methode des Bratens.

### DIE LEIDENSCHAFT FÜRS TAFELN

Wie früher spielt heute noch der Esstisch, die Tafel, als familiärer und gesellschaftlicher Treffpunkt eine bedeutende Rolle im Leben der Südstaatler. Die in Mississippi geborene Operndiva Leontyne Price lud häufig ihre Freunde zu Essen mit Gerichten des amerikanischen Südens ein, ob in Rom oder anderswo auf der Welt. Picknicks, Hochzeiten und Begräbnisse bieten seit jeher einen guten Vorwand, um sich mit dem Essen zu beschäftigen. Weder Hurrikans noch Stürme lenken vom Essen ab, schließlich muss man bei ihrem Näherkommen Vorräte anlegen. Ein Südstaatler nimmt jede Gelegenheit wahr, um gut zu essen!

Jede Region des Südens pflegt ihre traditionellen Spezialitäten. Die rund 200 europäischen Siedler, die 1634 in Maryland landeten, fanden fruchtbares Land, Wild und Wildgeflügel vor. Dazu ein Meer, das mit Fischen und Meeresfrüchten reich gesegnet war. Für *crab cakes* (Krabbenkroketten) mit einem kühlen Bier schwärmt jeder in dieser Region. Eine andere Spezialität Marylands hat im Frühling Saison: *shad roe* (Rogen des Maifisches, auch Alse genannt), gebraten oder sautiert, mit Gurken und Crème fraîche garniert. Wie in Louisiana verzehrt man hier das Fleisch der Sumpfschildkröte, obwohl es teuer ist und die Zubereitung lange dauert. Als ihre ureigene Spezialität betrachten die Südstaatler ein Gericht, das vom Rest der Welt als »typisch amerikanisch« angesehen wird: das Brathähnchen.

In Virginia – dort lag Jamestown, die zweite Kolonie, die 1607 in Nordamerika gegründet wurde – hat der Schinken einen Ehrenplatz. Für die delikate Geschmacksnote sorgt das Schweinefutter, das aus Eicheln, Kräutern, Hickory- und Erdnüssen besteht. Diese Ernährung verleiht den Tieren eine bräunliche Farbe, durchscheinendes Fett und ihrem Fleisch eine spezielle Struktur. Die Art, das Schinkenfleisch mit trockenem Salz zu behandeln, kennt man seit 2000 Jahren. In Details unterscheidet sich das Verfahren von Ort zu Ort. Aber für jeden Virginia-Schinken gilt: Man kann ihn lange aufbewahren und sein Geschmack ist unvergleichlich.

Den Grundstock für den blühenden Handel mit Virginia-Tabak legte Jamestowns Vorsteher John Rolfe. Der Siedler, der dieses Kraut erstmals im großen Stil anbaute, heiratete 1614 Pocahontas, die legendäre Häuptlingstochter vom Stamm der Algonkin.

Zuckerrohr, Indigostrauch, Ingwer und Oliven verdankt der Süden den 148 Engländern, die sich um 1670 in North und South Carolina ansiedelten. Mit dem »Gold von Carolina«, dem Reis, den sie von Madagaskar importierten, leisteten französische Hugenotten ihren Beitrag. Heute produzieren Texas und Louisiana den Reis für die gesamte USA.

In South Carolina besticht die Stadt Charleston durch ihre charmante Architektur und den speziellen Akzent ihrer Bewohner. Hier begann der Anbau von Sesam, dessen Samen die Sklaven mitbrachten. Die Sesamsamen werden für lang garende Gerichte, trockene Kuchen, Plätzchen und für ein Getränk mit Sherry, Limettensaft und Zucker verwendet.

Zum Süden gehört auch die Vielfalt höchst qualitätvoller Meeresfrüchte und Fische. In beiden Carolinas genießt man zum Frühstück eine Pâté aus Garnelen, Butter, Zwiebeln und Gewürzen.

OBEN
*Zwei populäre alkoholische Getränke in New Orleans. Das Rezept des* hurricane *wird so geheim gehalten wie das von Coca-Cola.*

### CAJUNS UND KREOLEN BEI TISCH

Ab 1699 ließen sich französische Siedler, dann Spanier, Deutsche, Italiener und Engländer mit ihren Sklaven, die von den Antillen kamen, in Louisiana nieder. Die kreolische Küche wurde zwar von französischen Gewohnheiten geprägt, man verwendete aber regionale Erzeugnisse und Produkte, die Sklaven von den Inseln mitgebracht hatten. Ihre Gerichte verfeinerten die Kreolen mit Saucen. Kreationen wie Austern Rockefeller oder Okra mit Krebsen sind Spezialitäten von Louisiana.

Die Cajun-Küche ist bodenständiger. Die Cajuns (Verballhornung von *Acadien*) kamen aus Akadien in Kanada, wohin sie im 17. Jahrhundert aus Frankreich eingewandert waren. Ihr Speiseplan umfasst vor allem Wild, Krustentiere, Kräuter und Gewürze. Zu den Lieblingsspeisen zählen Jambalaya und Gumbos.

In den beiden, sich ähnelnden Küchen kommen zahlreiche Gewürze zum Einsatz, jedoch in unterschiedlichen Mengen.

*Eines der typischen Gesichter des Südens: eine von alten Eichen gesäumte Plantage, das elegante, edle Interieur, eine Veranda für friedliche Nachmittage im Liegestuhl, eine üppige tropische Vegetation, landwirtschaftliche Produkte im Überfluss, wie das Zuckerrohr oder die Birnen …*

GEGENÜBER
*Der* mint julep *ist das Getränk des Südens: kalt und durstlöschend, stark mit seinem Schuss Bourbon und elegant, stets in einem silbernen Becher serviert.*

# BOURBON »ON THE ROCKS, PLEASE«

Die Wiege des Bourbon stand weder in Irland noch in Schottland! Er ist amerikanisch … sogar sehr amerikanisch, mit einem grandiosen Stammbaum. In den Augen der Amerikaner fanden im Jahr 1789 in den Vereinigten Staaten drei Ereignisse von historischer Tragweite statt: die Wahl von George Washington zum ersten Präsidenten der USA, die Annahme der Verfassung – und die Herstellung des ersten Bourbon im Bourbon County, Kentucky.

Als einziges alkoholisches Getränk, das per Kongressbeschluss zum »typisch amerikanischen Produkt« erklärt wurde, unterliegt der Bourbon ebenso strengen Kontrollen wie der französische Champagner oder Cognac. Hergestellt wird dieser Whiskey aus Mais, Gerste und Roggen. Der Maisanteil sollte mindestens 51 Prozent betragen, viele Hersteller nehmen allerdings mehr, weil dieses Getreide einen zuckerhaltigeren Alkohol ergibt. Nach der Fermentation und Destillation muss der Bourbon mindestens zwei Jahre in ausgekohlten Eichenfässern altern. Etwa 70 Prozent des Bourbon kommen aus Kentucky. Im traditionellen aristokratischen Süden ist es verpönt, Bourbon in Punsch, Grog oder Cocktails zu mischen. Er wird *straight* (pur) und *on the rocks* getrunken oder – als Ausnahme – in jener Mixtur, die an die Tage des alten Südens erinnert: dem *mint julep.* Bourbon wird auch in vielen Kochrezepten verwendet, für die man einen Schuss Alkohol braucht.

## Bourbon Balls
(Waffelbällchen mit Bourbon)

FÜR ETWA 50 BÄLLCHEN
ZUBEREITUNG : 15 MINUTEN

- 200 G WAFFELN (VANILLE ODER SCHOKOLADE)
- 100 G WALNÜSSE, FEIN GEHACKT
- 1/8 L BOURBON WHISKEY
- 3 EL AHORNSIRUP
- 2 EL BITTERER KAKAO
- 50 G PUDERZUCKER
- 1 TL ZIMT

Die Waffeln im Mixer zerkrümeln. In eine Salatschüssel geben, die Nüsse und den Kakao hinzufügen und verrühren. Dann den Ahornsirup und den Alkohol einrühren.

Aus der Masse kleine Kugeln formen, auf eine Platte legen und für 1 Stunde in den Kühlschrank stellen.

Puderzucker und Zimt mischen und die Bällchen darin wenden. Im Kühlschrank aufbewahren.

## Mint Julep
(Whiskey mit Minze)

FÜR 1 COCKTAIL

- 5 CL BOURBON WHISKEY
- 1 TL PUDERZUCKER
- 1 1/2 TL WASSER
- 2 ZWEIGLEIN MINZE, MINZE ZUM GARNIEREN
- 1 UNBEHANDELTE ORANGE

Die 2 Zweiglein Minze mit Zucker und Wasser in einem Silberbecher zerdrücken. Den Becher mit zerstoßenem Eis füllen, Bourbon zugeben, mit einer Orangenscheibe und Minze garnieren.

## Cornbread
### (Maisbrot)

OBEN
*Mit Butter bestrichen ist* cornbread *(Maisbrot) eine echte Köstlichkeit.*

8 Portionen
Zubereitung: 20 Minuten
Garzeit: 25 bis 30 Minuten

150 g Mehl
1 gestrichener EL Hefe
200 g Maisgriess
(oder Polentagriess)
1 TL Salz
1/2 TL Natron
2 Eier
3/8 l Joghurt
1 EL Honig (oder Zucker)
50 g Butter

Den Backofen auf 200 °C (Gas Stufe 3) vorheizen. Eine quadratische Form von 22 cm Seitenlänge einfetten.
Mehl, Hefe, Grieß, Salz und Natron in einer Schüssel verrühren.
In einer anderen Schüssel Eier, Joghurt und Honig verschlagen und in die trockene Mischung einrühren.
Die Butter zerlassen, zum Teig gießen und rasch unterziehen.
Den Teig in die Form einfüllen und 20 bis 30 Minuten backen. Zum Servieren das Maisbrot in Würfel schneiden und heiß verzehren.

## Fried Chicken
(Brathähnchen)

6 Portionen
Zubereitung: 20 Minuten
Ruhezeit: einige Stunden
Garzeit: 40 Minuten

1 Hähnchen, in Stücke geschnitten
Salz, Pfeffer
1/2 l Vollmilch (oder 500 g Naturjoghurt, oder eine Mischung aus Milch und Joghurt)
Saft 1/2 Zitrone
4 gestrichene EL Gänseschmalz (oder ausgelassener Bauchspeck)
Öl zum Braten
200 g Mehl

Die Hähnchenstücke mit kaltem Wasser sorgfältig abwaschen, abtrocknen und leicht salzen und pfeffern.
Für die Marinade die Milch in eine Schüssel geben und den Zitronensaft einrühren. Die Hähnchenstücke in die Marinade legen. Die Schüssel zudecken und mindestens 2 Stunden, wenn möglich über Nacht, in den Kühlschrank stellen.
Die Schüssel einige Stunden vor dem Kochen herausnehmen, damit die Hähnchenstücke Zimmertemperatur annehmen.
Das Gänseschmalz in eine Gusseisenkasserolle geben und 2 cm hoch Öl zugießen (mindestens 1/4 Liter). Das Fett erhitzen. Mehl, Salz und Pfeffer in einer Schüssel mischen. Das Hähnchen Stück für Stück im Mehl wenden und mit der Hautseite nach unten ins heiße Öl geben. Die Hitze verringern, damit das Fleisch nicht anbrennt. Die Hähnchenstücke – zugedeckt – 17 Minuten braten. Die Stücke wenden und weitere 17 Minuten garen. Die Stücke müssen eine rotbraune Farbe annehmen.
Die Hähnchenstücke auf Küchenpapier gut abtropfen lassen (eventuell abtupfen) und sofort warm servieren.
Dieses Gericht sollte nicht wieder aufgewärmt werden.

OBEN
*Knorrige alte Alleen und Säulengänge gehören genauso zum Süden wie ein goldbraunes Brathähnchen. Wichtig: Damit das Brathähnchen gelingt, ist es wichtig, Geflügel von bester Qualität, eine schwere gusseiserne Kasserolle und sehr gutes Öl zu verwenden.*

## Fluffy Biscuits
### (Lockere Plätzchen)

Für 12 Plätzchen
Zubereitung: 15 Minuten
Garzeit: 15 Minuten

325 g Mehl
1/2 TL Natron
1 EL Hefe
1/2 TL Salz
75 g sehr kalte Butter, gewürfelt
2 125-ml-Becher Naturjoghurt

LINKS
*Sweet potatoes (Süßkartoffeln) gibt es in Deutschland in jedem gut sortierten Supermarkt. Eng verwandt damit sind Yamswurzeln, die in Afrika und Asien heimisch sind.*

Den Backofen auf 230 °C (Gas Stufe 4) vorheizen.
Die trockenen Zutaten gründlich mischen. Die Butter zugeben und rasch mit der Hand oder in der Küchenmaschine unterkneten. Eine Vertiefung in den Teig drücken und das Joghurt hineingeben und rasch untermischen. Auf einer bemehlten Arbeitsfläche den Teig dreimal kneten (wenn der Teig zu sehr klebt, etwas Mehl zugeben).
Den Teig 2 cm dick ausrollen und mit einem Glas oder einer Plätzchenform Kreise von 3,5 cm Durchmesser ausstechen. Die Plätzchen dicht an dicht auf ein Backblech und 12 bis 15 Minuten backen, bis sie goldgelb sind.
Warm servieren, nach Belieben mit Butter bestreichen.
Zum Aufwärmen die Plätzchen in Alufolie einschlagen und für 5 Minuten in den heißen Backofen stellen.

## Mashed Sweet Potatoes
### (Süßkartoffelpüree mit Ahornsirup)

6 Portionen
Zubereitung: 20 Minuten
Garzeit: 45 Minuten (15 Minuten in der Mikrowelle)

1 kg Süßkartoffeln
1/4 l Milch
1 EL weiche Butter
2 EL Ahornsirup
1/2 TL Zimt
Saft 1 Zitrone
Salz, Pfeffer

Die Schale der Süßkartoffeln an zwei oder drei Stellen mit einer Gabel anstechen. Die ganzen Knollen garen, abkühlen lassen und schälen.
Milch, Butter und Sirup erhitzen, nicht kochen lassen. Die Süßkartoffeln mit der Milch-Mischung (die Menge hängt von der gewünschten Konsistenz ab) und dem Zitronensaft zu Püree verarbeiten. Nach Belieben mit Salz und Pfeffer würzen.

## Virginia Ham
### (Glasierter Schinken)

16 bis 24 Portionen
Zubereitung: 15 Minuten
Garzeit: 1 Stunde

2 bis 3 kg entbeinter gekochter Schinken am Stück
30 bis 40 Nelken
200 ml Gemüsebrühe (oder Apfelsaft)

Zum Glacieren:
7,5 cl Ahornsirup
1 EL Kandisfarin (brauner Zucker)
1 EL Dijon-Senf

Den Backofen auf 180 °C (Gas Stufe 2) vorheizen.
Den Schinken mit einem scharfen Messer einschneiden (siehe Foto gegenüber) und mit Nelken spicken. In einen flachen Bräter geben, mit Brühe begießen und 1 Stunde im Ofen backen.
Die Zutaten zum Glasieren mischen, zum Kochen bringen und bei geringer Hitze 5 Minuten köcheln lassen. Während der letzten halben Stunde der Garzeit, den Schinken regelmäßig mit etwas Glasur bestreichen. Immer wieder trocknen lassen und den Schinken so oft befeuchten, bis die Glasur aufgebraucht ist. Aufpassen, dass der Schinken nicht anbrennt!

## Barbecue Spare Ribs

4 Portionen
Zubereitung: 10 Minuten
Ruhezeit: einige Stunden
Garzeit: 20 Minuten

1 kg Spareribs (Leiterchen oder Schälrippchen)
Barbecuesauce

Zum Marinieren die Spareribs in reichlich Barbecuesauce wälzen und über Nacht (mindestens 4 Stunden) zugedeckt ziehen lassen. Gelegentlich wenden.
Die Spareribs abtropfen lassen, auf den vorgeheizten Grill legen und 5 Minuten anbraten, wenden und die andere Seite 5 Minuten anbraten. Dann von jeder Seite weitere 10 Minuten garen lassen, dabei mehrmals mit Barbecuesauce übergießen oder dick bestreichen.

## Mustard-Honey Barbecue Sauce
(Senf-Honig-Sauce)

4 EL Olivenöl
2 Zwiebeln, geschält und fein gehackt
1 Knoblauchzehe, geschält und fein gehackt
1/2 grüne Paprika, klein gewürfelt
250 g Honig
1 EL Dijon-Senf
140 g Tomatenmark
200 ml Gemüsebrühe
4 EL Worcestersauce
1 Hand voll Basilikumblätter
Salz, Pfeffer

Öl in einer Pfanne erhitzen und darin Zwiebeln, Knoblauch und Paprika unter Rühren etwa 10 Minuten bräunen. Die restlichen Zutaten einrühren. 10 Minuten köcheln lassen. Abschmecken.

## South Carolina-Style Basting Sauce
(Apfelessig-Sauce)

150 ml Apfelessig
500 g Tomatensauce
3 Knoblauchzehen, geschält und gehackt
1 EL Worcestersauce
80 g Kandisfarin (brauner Zucker)
3 TL Chilipulver
1 Prise Cayennepfeffer
Salz

Alle Zutaten in einer Kasserolle gründlich verrühren. Die Mischung zum Kochen bringen und 10 bis 15 Minuten köcheln lassen, bis sie eindickt. Abschmecken. Die Sauce heiß oder kalt servieren.

# BARBECUES,
## IM FREIEN UND ZUR SOMMERZEIT

GEGENÜBER
*Pikant und geräuchert sind zwei typische Aromen des Südens. Diese Frau räuchert ihr Rindfleisch in einem* smokehouse. *Durch das Räuchern verändert sich die Struktur des Fleisches. Sehr lange geräuchertes Fleisch wird hart und heißt* beef jerky.

OBEN
*Beim Barbecue wird alles gebraten: Eine Spezialität im Sommer sind ganze Maiskolben, im Dampf gegart und in die Blätter gewickelt.*

In den Vereinigten Staaten ist Barbecue der kulinarische Begriff, um den es die meisten Diskussionen gibt. Man verbindet Barbecue mit dem Süden, doch das Grillen im Freien ist ein sommerliches Vergnügen aller Amerikaner, vom Norden bis zum Süden, vom Osten bis zum Westen. Alle sind sich einig, dass »ein Barbecue machen« gleichbedeutend ist mit »im Freien grillen«, aber die Vorstellungen über die Art und Weise gehen weit auseinander. Ursprünglich handelte es sich beim *smoke pit barbecue* (Räucher-Barbecue) um das Grillen auf Holzkohle, die in einem Ofen aus Steinen lag, der ein Stück in der Erde versenkt war. Über das beste Fleisch für ein Barbecue kann man lang debattieren: Schweinefleisch in South Carolina, Rindfleisch in Texas, Hamburger, Hähnchen oder Fisch anderswo.
Barbecuesaucen gibt es so viele wie Regionen! In South Carolina bedeutet Barbecue lange Garzeiten in einer Sauce auf Essigbasis. In Texas wird das Fleisch mit einer Würzsauce, einer Marinade oder einem *dry rub* – einer Mischung aus Kräutern und Gewürzen, die man ins Fleisch einreibt – behandelt. Anschließend wird das Fleisch lange gegart – und bleibt trotzdem innen weich und zart.
Die Vielfalt an Saucen, Marinaden und Würzmischungen für Barbecue ist unendlich. Ein texanischer Küchenchef, der das Thema sehr gut kennt, stellte fest: »Das Barbecue ist keine kulinarische Frage, es ist ein Geisteszustand, eine Philosophie!«

# ZUCKER: ZUCKERROHR UND SÜDSTAATEN

GEGENÜBER
*Das Zuckerrohr, das Erinnerungen an die Plantagen von früher weckt, brachte dem Süden einst Reichtum.*

Das Zuckerrohr stammt aus Asien. Nach Amerika gelangte es im 16. Jahrhundert mit den spanischen Konquistadoren, die in Florida Plantagen anlegten. Da der Anbau des Zuckerrohrs sehr viele Arbeitskräfte erforderte, verfiel man auf die Idee, Sklaven dafür einzusetzen. So hängt die Sklaverei und der Handel mit Farbigen auf dem amerikanischen Kontinent eng mit dieser Pflanze zusammen.

In Louisiana wird die Landwirtschaft noch häufig von echten Cajuns in Familienunternehmen betrieben. Sie stammen von Familien ab, die aus Elsass-Lothringen nach Kanada ausgewandert waren und von dort 1721 nach New Orleans gingen. Um 1728 zogen sie weiter, um sich im Osten von Louisiana anzusiedeln. Seit mehr als 200 Jahren wird in Louisiana Rohrzucker produziert; er bringt der Wirtschaft dieses Bundesstaates jährlich etwa zwei Milliarden Dollar ein. Ein Franzose, Jean-Étienne de Bore, in Amerika geboren, aber in Frankreich erzogen, erntete 1795 in Louisiana erstmals erfolgreich Zuckerrohr. De Bore erfand auch die Methode zur Herstellung von Kristallzucker.

Vom Zuckerrohr lässt sich alles verwerten. Das Fasermaterial, das übrig bleibt, wenn der Pflanze alles Wasser entzogen wurde, dient als Brennmaterial. Und die neueste Erfindung: Man presst die Fasern zu Baustoffplatten. Mithilfe des Wasserdampfs, der bei der Produktion entsteht, wird Strom erzeugt. Schließlich gibt es noch die Melasse (den Rückstand bei der Kristallisation des Zuckerrohrs), die beim Kochen und vor allem beim Backen Verwendung findet. Melasse gibt Kuchen einen ganz besonderen Geschmack. Auch als Mastfutter wird sie genutzt. Florida steht mit 55 Prozent der amerikanischen Rohrzuckerproduktion an der Spitze, gefolgt von Louisiana, Hawaii und Texas.

*Melasse wird in der amerikanischen Küche häufig in Kuchen verwendet.*

*Obwohl die Mechanisierung der Landwirtschaft die Zuckerrohr-Erträge beträchtlich gesteigert hat, produzieren die Vereinigten Staaten nicht genug Rohrzucker, um ihren Bedarf zu decken.*

*So sieht der Rohrzucker beim ersten Schritt der komplizierten Zuckerherstellung aus.*

*Die Vorfahren der Familie Judice gelangten im 18. Jahrhundert auf einem selbst gebauten Schiff nach Louisana. Ihre »Ferme Judice« wird noch heute von den Nachfahren bewirtschaftet.*

Coca-Cola

E&M PRODUCE

## Blackened Redfish
### (Geschwärzte Seebarbe)

6 Portionen
Zubereitung: 10 Minuten
Garzeit: 5 Minuten pro Stück

- 1 1/2 TL Zwiebeln, sehr fein gewürfelt
- 1 1/2 TL Knoblauch, sehr fein gehackt
- 1 EL Paprikapulver
- 1 gestrichener EL Salz
- 1 TL Cayennepfeffer
- 1 gestrichener TL weisser Pfeffer aus der Mühle
- 1 gestrichener TL schwarzer Pfeffer aus der Mühle
- 1 TL getrockneter Thymian
- 1 TL getrockneter Oregano
- 270 g Butter
- 6 Filets von der Rotbarbe oder vom Adlerfisch, 1 cm dick geschnitten

Zwiebeln, Knoblauch sowie alle anderen Gewürze und Kräuter in einer Schüssel mischen.
Die Butter in einer Pfanne bei geringer Hitze zerlassen und warm halten, damit sie flüssig bleibt.
Eine schwere Gusseisenpfanne bei starker Hitze sehr heiß werden lassen.
Das erste Fischfilet in die geschmolzene Butter tauchen und von beiden Seiten mit der Würzmischung bestreuen (diese leicht andrücken). Das Filet in die heiße Pfanne geben und mit 1 Teelöffel Butter übergießen (Achtung! Die Butter kann sich entzünden.) und etwa 2 Minuten braten, bis sich eine Kruste bildet. Den Fisch wenden und die andere Seite ebenfalls mit 1 Teelöffel Butter übergießen und weitere 2 Minuten braten. Sofort mit zerlassener Butter servieren, dann die anderen Fischfilets ebenso zubereiten und nach Bedarf servieren.
Dieses Gericht kann nicht im Voraus zubereitet werden. Man sollte die Fischfilets besser im Freien braten oder in einem Raum mit einer sehr guten Entlüftung.

## Maryland Crab Cakes
### (Krabbenkroketten aus Maryland)

3 oder 4 Portionen
Zubereitung: 15 Minuten
Garzeit: 8 Minuten

- 400 g Krabbenfleisch, zerkleinert
- 2 bis 3 EL Mayonnaise
- 1 Ei
- 1 TL Worcestersauce
- 1 TL Senfpulver
- 1 EL zerkleinerte Petersilie
- Saft 1/2 Zitrone
- Salz, Pfeffer
- 3 EL Semmelbrösel
- Öl zum Frittieren

Das Krabbenfleisch gut ausdrücken, um so viel Flüssigkeit wie möglich daraus zu entfernen. Alle Zutaten – bis auf die Semmelbrösel und das Öl – in einer Schüssel mischen. Das Krabbenfleisch zugeben und alles gründlich zu einem Teig vermengen. Abschmecken.
Aus dem Teig 6 bis 8 Kroketten formen und diese in den Semmelbröseln wälzen.
In einer Pfanne in reichlich heißem Öl auf jeder Seite 4 Minuten frittieren.

Variante:

- 400 g Krabbenfleisch
- 4 EL fein gewürfelte grüne Paprika
- 1 EL gehackte Kapern
- 3 Eier
- 6 cl Sherry oder Portwein
- 1 Tropfen Tabasco
- 2 EL Senfpulver
- Saft 1 Zitrone
- Salz, Pfeffer
- 3 EL Semmelbrösel
- Öl zum Frittieren

Diese Variante wird genauso zubereitet wie die zuvor beschriebenen Krabbenkroketten aus Maryland.
Die Variante ist wesentlich schärfer!

GEGENÜBER
*Diese Art der Fischzubereitung ist eine kreolische Spezialität, die im Commander's Palace in New Orleans von Paul Prudhomme erfunden wurde, dem temperamentvollsten und erfindungsreichsten Küchenchef der USA. Dieses pikante Rezept hat den Adlerfisch bekannt gemacht, der zuvor nur regional geschätzt wurde. Heute ist er häufig im Handel erhältlich.*

*In Maryland findet man in vielen Straßen gleich mehrere Krabbenrestaurants, die diese Kroketten und eine Fülle anderer Krabbengerichte anbieten. Diese Krustentiere lassen sich in vielerlei Varianten zubereiten: gefüllt, mit Rahm, überbacken im Brot, als Hamburger, in Pasteten, Omelettes, Suppen, Salaten, als Füllung für hart gekochte Eier, für Avocados …*

## BEWEGT SICH ETWAS, DANN FEUERN!

Wenn Sie ein seltenes und ungewöhnliches Gericht suchen, finden Sie es bestimmt im Süden. In New Orleans bei Langenstein's, einem Supermarkt, der gemütlich und modern wirkt, bekommen Sie garantiert frische und tiefgefrorene *cooters*. Diese Schildkröte (*Chelydra serpentina*) wird noch wie früher gejagt, obwohl sie heute schon häufig aus Zuchten kommt. Auch das Fleisch des Alligators wird verspeist und auch in vielen Läden angeboten – gar nicht so teuer: 10$ das Pfund. Die Franzosen sind nicht die Einzigen, die Froschschenkel zu schätzen wissen. Die Amphibien werden in den Südstaaten ebenso zahlreich gefangen und verzehrt wie der Wels. Wie in Frankreich verwendet man vom Schwein alles, was es hergibt. Jedes Stück findet sich in irgendeinem Gericht wieder, der Schweinemagen zum Beispiel zählt zu den Lieblingsspeisen fast aller Bewohner des Südens.

Kaninchen werden in den USA nur recht selten als Nahrungsmittel gezüchtet, doch man jagt und verzehrt sie im Süden genauso wie in anderen Regionen, in denen man diese Tiere bejagt. Wildtiere – Eichhörnchen, Waschbären, Schwarzbären und vor allem das Opossum – findet man in Restaurants und Feinkostläden in der Stadt und auf dem Land. Junge Eichhörnchen bereitet man wie Hähnchen zu. Für alte Tiere, deren Fleisch zäher ist, bevorzugt man Rezepte, die das Fleisch zarter machen. Ein klassisches Rezept des Südens – das Ragout Brunswick – besteht aus Eichhörnchenfleisch, Räucherspeck, Zwiebeln, Tomaten, Maiskörnern und typischen regionalen Gemüsesorten, wie beispielsweise *lima beans* (Limabohnen).

OBEN
Jambalaya *ist in den ganzen Vereinigten Staaten ein sehr beliebtes Gericht, doch vor allem in New Orleans. Den Ursprung des Namens kennt man nicht, vielleicht stammt er vom französischen Wort »jambon« (Schinken). Schweinefleischwurst ist nämlich eine wichtige Zutat.*

## Jambalaya

6 Portionen
Zubereitung: 30 Minuten
Garzeit: 1 Stunde

500 g ganze Garnelen
Salz
500 g Hühnerbrust
1 Zwiebel, geschält und gehackt
2 Stangen Staudensellerie, gehackt
3 Knoblauchzehen, geschält und gehackt
250 g geräucherte Wurst
1 EL Olivenöl
1 grüne Paprika, entkernt und gehackt
4 Lauchzwiebeln, gehackt
450 g geschälte Tomaten mit Saft
2 EL Worcestersauce
1 TL Thymian
1 Prise Cayennepfeffer
400 g Reis
2 EL zerkleinerte frische Petersilie

Die Garnelen 2 Minuten in Salzwasser kochen, abkühlen lassen und schälen. Das Garnelenfleisch beiseite stellen Den »Abfall« (Köpfe, Panzer) nicht wegwerfen.
Hühnerbrust, den Garnelenabfall, 1 Liter Wasser, Zwiebeln, Sellerie, Knoblauch und etwa 1/2 Esslöffel Salz in einen Topf geben. Das Ganze zum Kochen bringen, die Temperatur verringern, halb zudecken und 20 bis 25 Minuten köcheln lassen, bis das Hühnerfleisch vollkommen gar ist.
Das Fleisch mit einem Schaumlöffel herausnehmen und beiseite stellen. Die Kochflüssigkeit durch ein Sieb gießen. Sie sollte 1 Liter Brühe ergeben (wenn nötig mit Wasser auffüllen). Beiseite stellen.
Die Wurst in 1 Zentimeter dicke Scheiben schneiden. Das Öl in einer gusseisernen Kasserolle erhitzen und die Wurstscheiben darin von beiden Seiten etwa 5 Minuten bräunen. Paprika und Lauchzwiebeln zugeben und kurz anbraten. Brühe, 1/2 Esslöffel Salz, Tomaten samt Saft, Worcestersauce, Thymian und Cayennepfeffer hinzufügen. Etwa 5 Minuten köcheln lassen und zwischendurch die Tomaten zerdrücken.
Den Reis hinzufügen und alles zum Kochen bringen. Die Temperatur verringern und den Topf zudecken. Das Ganze 25 Minuten köcheln lassen, bis der Reis die Flüssigkeit vollkommen aufgesaugt hat.
Kurz vor dem Servieren die Garnelen und das Hühnerfleisch zum Aufwärmen in den Topf geben. Das Gericht auf vorgewärmten Tellern anrichten, mit Petersilie bestreuen und sofort servieren.

## Shrimp Gumbo
### (Okra mit Garnelen)

4 Portionen
Zubereitung: 45 Minuten
Garzeit: 4 Stunden

- 100 g Mehl
- 100 g Butter
- 2 Lorbeerblätter
- 2 Zitronenscheiben
- 2 Zwiebelscheiben
- Salz
- schwarzer Pfeffer aus der Mühle
- Cayennepfeffer
- 2 EL zerkleinerte Petersilie
- 1 kg ganze Garnelen, gewaschen
- 1 kg Okra, in Stücke geschnitten
- 6 EL Fett von ausgelassenem Speck
- 4 Tomaten, abgezogen und zerkleinert
- 1 EL Poudre filé (nach Belieben)
- 2 Zwiebeln, fein gewürfelt
- 2 grüne Paprika, entkernt und fein zerkleinert
- 2 rote Peperoni, fein zerkleinert
- Thymian
- zusätzlich frische zerkleinerte Petersilie
- 250 g Krabbenfleisch

*Poudre filé ist ein feines Gewürz aus den getrockneten, gemahlenen Blättern des Sassafras-Baums. Man verwendet es, um Saucen zu binden und kreolischen Gerichten den typischen Geschmack zu verleihen. Man kann Gumbo aber auch ohne dieses Gewürz zubereiten.*

Für die Mehlschwitze die Butter bei schwacher Hitze in einer Pfanne zerlassen. Das Mehl langsam unter Rühren (mit einem Holzspatel) zugeben. Bei schwacher Hitze 20 bis 30 Minuten unter ständigem Rühren köcheln lassen, bis die Mehlschwitze braun ist. Darauf achten, dass sie nicht anbrennt!
3 Liter Wasser in eine gusseiserne Kasserolle füllen. Lorberblätter, Zitronen- und Zwiebelscheiben, Salz, schwarzen Pfeffer, Cayennepfeffer sowie Petersilie hinzufügen. Das Ganze zum Kochen bringen und 10 Minuten sprudelnd kochen lassen.
Die Garnelen 2 Minuten in dem kochenden Sud blanchieren. Mit einem Schaumlöffel herausnehmen, schälen und das Garnelenfleisch beiseite stellen. Die Köpfe und Schalen in den Sud geben. Die Hitze verringern und den Sud köcheln lassen.
In einer Pfanne die Okra in der Hälfte des Speckfetts anbraten, bis sie gar sind (die Farbe der Schoten wird dunkler und sie werden weniger klebrig).

RECHTS
*Okra ist ein Gemüse, das in Feinkost- oder Asienläden angeboten wird. Die Bezeichnung gumbo kommt vom französischen Wort für Okra. In diesem Rezept vereinen sich Einflüsse der regionalen indianischen, französischen, spanischen und afrikanischen Küche.*

Okra, Tomaten und nach Belieben Poudre filé in einen großen Topf geben.
In die gesäuberte Pfanne das restliche Speckfett geben und die Zwiebelwürfel, die Paprika und die Peperoni darin braten, bis sie weich sind. In den Topf zu Okra und Tomaten geben.
Den Garnelensud vom Herd nehmen und durch ein Sieb in eine Schüssel gießen.
4 Esslöffel Mehlschwitze in einer kleinen Kasserolle erhitzen (den Rest im Kühlschrank für ein anderes Gericht aufbewahren). 1/2 Liter Garnelensud in die kleine Kasserolle gießen und gründlich mit der Mehlschwitze verrühren. Die Mischung in den großen Topf geben und alles zum Kochen bringen, dann 2 Stunden köcheln lassen. Bei Bedarf Sud zugießen, damit der Gumbo flüssig genug ist.
Nach 2 Stunden den Gumbo abschmecken und nach Belieben Thymian und Petersilie hinzufügen und noch 1 Stunde garen.
Wenn der Gumbo insgesamt 3 Stunden geköchelt hat, das Garnelenfleisch und das Krabbenfleisch zugeben und noch 10 Minuten garen.
Das Gericht in vorgewärmten tiefen Tellern mit Reis servieren.

Mother's
Mother's

GEGENÜBER
*Drei Schwestern hinter der Theke des Restaurants Mother's in New Orleans, einer Hochburg des* soul food.

*Einige in der* Soul-food-*Küche verwendete Gemüsearten findet man in Europa nicht, doch sie gehören alle zu der botanischen Gattung* Brassica *(Kohl).*

## Hoppin' John
### (Bohneneintopf)

4 bis 6 Portionen
Zubereitung: 10 Minuten
Ruhezeit: 1 Nacht
Garzeit: 1 Stunde 30 Minuten

- 250 g schwarze Bohnen
- 250 g geräucherter Bauchspeck
- 1 Zwiebel, geschält und fein gehackt
- 1 Stange Staudensellerie, fein gehackt
- 1 grüne Paprika, entkernt, fein gehackt
- 1 Knoblauchzehe, geschält, fein gehackt
- 400 g Reis
- 1/2 TL Tabasco
- Salz, Pfeffer

Die Bohnen eine Nacht lang in Wasser einweichen.
Die eingeweichten Bohnen abgießen und abspulen. In einen Topf geben und mit Wasser bedecken. Zum Kochen bringen, die Hitze verringern und – zugedeckt – 40 bis 45 Minuten köcheln lassen, bis die Bohnen weich sind.
Den Bauchspeck in einer Pfanne knusprig braten. Auf Küchenpapier abtropfen lassen. Das Fett bis auf 2 Esslöffel wegschütten.
In dem restlichen Fett Zwiebeln, Sellerie und Paprika 7 Minuten anbraten. Den Knoblauch zugeben und 1 Minute garen.
Den Reis zugeben und unter Rühren 5 Minuten glasig werden lassen. Den Inhalt der Pfanne in den Topf mit den Bohnen geben. Die Hitze verringern und das Ganze – zugedeckt – 20 bis 30 Minuten garen, bis der Reis trocken und locker ist.
Mit Tabasco, Salz und Pfeffer würzen. Den Eintopf auf Tellern anrichten, den Bauchspeck darauf legen und heiß servieren.

## Greens
### (Gemüse)

4 bis 6 Portionen
Zubereitung: 20 Minuten
Garzeit: 1 Stunde 20 Minuten

- 2 bis 3 kg verschiedene grüne Gemüse (zum Beispiel Grünkohl, Steckrübenblätter, Senfblätter)
- 3/4 l Hühnerbrühe oder Wasser
- 1 Schinkenknochen
- 1 EL Weinessig
- 1/2 rote Chilischote oder 1/2 TL Chilipulver
- 1 Prise Zucker
- Salz, Pfeffer

Alle Blätter gründlich waschen (harte Stiele entfernen) und in Stücke schneiden.
Die Brühe in einen Topf gießen und zum Kochen kommen lassen. Das Gemüse und den Schinkenknochen zugeben.
Die Hitze verringern und das Ganze unter häufigem Rühren garen, bis das Gemüse zusammenfällt.
Essig und Chilischote zugeben und alles 1 weitere Stunde garen, bis die Gemüse weich und die Brühe würzig sind.
Kurz vor dem Servieren mit Zucker, Salz und Pfeffer abschmecken.

## NAHRUNG FÜR DIE SEELE

*Soul food,* die Nahrung für die Seele und den Körper der Afroamerikaner, als sie noch Sklaven waren, umfasst die bodenständigsten Produkte. Die schwarzen Sklaven bekamen nur sehr wenig: wöchentlich 1 *peck* Mais (das entspricht etwa einem zu drei Viertel vollen 10-Liter-Eimer), 3 Pfund Speck, etwas Melasse und Milch, dazu einige Früchte und Gemüse der Saison. Aus dem spärlichen Kontingent schufen sie wahre Wunderwerke an Gerichten, mit denen sie sich ausreichend und gesund ernähren konnten. Vom Mais und Schwein, den beiden Grundnahrungsmitteln, wurde alles verwendet. Jedes Stück des Tieres (Füße, Ohren, Zunge, Leber, Schwanz, Schnauze, Bauchfleisch und Hirn) wurde auf spezielle Art zubereitet. Auch für den Mais gab es unzählige Zubereitungsarten: Grütze, Brot, Kuchen … Doch ohne *greens* (Gemüse) ist *soul food* nicht denkbar. Um die bitter schmeckenden Blätter von Rettich, Steckrüben, Roter Bete und Senf schmackhaft zu kochen, gab man ein wenig Schinken, einen Knochen oder ein Stück Speck in einen Topf, fügte ein paar Chilischoten und ein wenig kochendes Salzwasser zu und ließ das Ganze köchelnd garen. Die Kochflüssigkeit, eine kräftige Brühe, bewahrte man sorgfältig auf. Sie wurde *pot likker* (Topflikör) genannt und als Suppe serviert oder über das Gemüse gegossen. Fans des *soul food* haben es fast zum Kult erhoben!

## TABASCO: PIKANT UND UNNACHAHMLICH

GEGENÜBER
*Die* Tabasco-*Pfefferschote wird erst geerntet, wenn sie perfekt rot ist. Ein kleiner roter Stab hilft zu entscheiden, welche Schoten bereit zum Pflücken sind.*

Nach dem Klassiker Ketchup ist der *tabasco* wohl die Sauce in der Flasche, die in der ganzen Welt am weitesten verbreitet ist. Von Louisiana – wo sie hergestellt wird – bis Hongkong und in fast hundert weiteren Ländern hat die kleine Flasche mit McIlhenny's *Tabasco Sauce* ihren festen Platz sowohl in privaten Küchen als auch in Restaurantküchen gefunden. Und keine Cocktail-Bar mag darauf verzichten. Um die gigantische Nachfrage zu befriedigen, produziert die Firma 300000 Flaschen täglich. Die anderen *hot sauces*, die sich in den Verkaufsregalen drängen, können dieser einzigartigen Würzsauce nicht das Wasser reichen!

Echte *Tabasco Sauce* wird aus verschiedenen Pfefferschoten, *tabasco* genannt, zubereitet. Das spanische Wort bedeutet »feuchter Boden«. Und auf dem wachsen die *Tabasco*-Schoten ganz besonders gut. Sie werden vor allem in Avery Island angebaut, einem Gebiet, das trotz seines Namens keine Insel ist, sondern ein Hügel in den Feuchtgebieten *(wetlands)* des Mississippi-Deltas in Louisiana.

In Avery kann man den Weg der *Tabasco*-Schoten von der Aussaat bis zum Abfüllen in Flaschen verfolgen. Die Anbau- und Herstellungsweise des *tabasco* hat sich in den letzten 137 Jahren kaum geändert. Nur die Fabrik und die Büros sind inzwischen mit neuestem Hightech ausgestattet, vom Marketing gar nicht zu reden. Das Unternehmen befindet sich immer noch im Familienbesitz der McIlhennys, deren Urgroßvater Edmund das *Tabasco*-Rezept erfunden hat, das nach wie vor geheim und unnachahmlich ist. *Tabasco* besteht noch immer aus den drei gleichen Zutaten: *Tabasco*-Schoten, Salz und Essig – und er ist eines der Lebensmittel, die für Amerika stehen.

*Typisch für Avery Island: der Kontrast zwischen dem saftigen Grün des Laubs und dem leuchtenden Zinnoberrot der Schoten.*

*Die Tabasco-Flasche, die sich im Lauf der Jahre nur wenig verändert hat, ist leicht zu erkennen. Diese Abbildung zeigt eine der ersten Flaschen.*

*In Avery gibt es ein kleines, liebevoll ausgestattetes Tabasco-Museum, das die Geschichte dieses einzigartigen Produkts erzählt.*

*McIlhenny, der Name des Erfinders der* Tabasco Sauce *steht auch heute noch deutlich lesbar auf jeder Flasche.*

GEGENÜBER
*Der Pekannusskuchen ist eine Spezialität des Südens, die das ganze Land erobert hat. Der Kuchen gehört zu den wichtigsten Desserts an Thanksgiving.*

## Pecan Pie
### (Pekannusskuchen)

10 Portionen
Zubereitung: 15 Minuten
Garzeit: 20 Minuten

75 g Butter
100 g Kandisfarin (brauner Zucker)
100 g Honig
einige Tropfen Vanille-Aroma
4 Eigelbe
1 fertiger Pie-Boden
von 25 cm Durchmesser
(siehe Rezept Seite 41)
150 g Pekannüsse

Den Backofen auf 180 °C (Gas Stufe 2) vorheizen.
Butter, Zucker, Honig und Vanille kräftig verrühren. Ein Eigelb nach dem anderen unter Schlagen zugeben. Die Mischung auf den vorgebackenen, aber noch nicht goldgelben Tortenboden gießen. Mit den Pekannüssen bedecken und im vorgeheizten Backofen 20 Minuten backen.
Die echte *pecan pie* bereitet man mit Melasse zu (in Feinkostgeschäften erhältlich). Dieses Rezept mit Honig ist aber eine höchst köstliche Variation.

## Key Lime Pie
### (Limettenkuchen)

Für 1 Kuchen von 25 cm Durchmesser
Zubereitung: 25 Minuten
Garzeit: 13 Minuten

Für den Teig:
150 g Kekse
100 g zerlassene Butter
3 EL Zucker

Für den Belag:
3 Eigelbe, verquirlt
200 g Zucker
40 g Mehl
50 g Maizena
2 Prisen Salz
1 EL zerlassene Butter
4 EL Limettensaft
(Saft von etwa 3–4 Limetten)
2 EL abgeriebene Limettenschale
Schlagsahne oder Crème fraîche

Den Backofen auf 180 °C (Gas Stufe 2) vorheizen.
Für den Teig die Kekse zerkrümeln. Zucker und Butter hinzufügen und alles gut verrühren. Den Teig in der Pieform (oder Tortenform) gleichmäßig verteilen (am Rand etwas höher ziehen) und 8 bis 10 Minuten backen.
Für den Belag in einer Kasserolle Zucker, Mehl, Maizena und Salz verrühren. 400 Milliliter Wasser zugießen und bei mittlerer Hitze unter ständigem Rühren zum Kochen bringen. Etwa 1 Minute kochen lassen, bis die Mischung cremig ist.
Die Mischung unter ständigem Rühren langsam unter die verquirlten Eigelbe mischen. Das Ganze zurück in die Kasserolle schütten, zum Kochen bringen und 1 Minute aufkochen lassen. Vom Herd nehmen. Butter, Limettensaft und -schale einrühren. Diese Limettencreme sofort auf den Pie-Boden geben. Kalt werden lassen. Kühl mit Schlagsahne servieren.

Die *key lime* (Key-Limette) ist klein, in reifem Zustand gelb, schmeckt leicht bitter und wächst in Florida. Der Limettenkuchen stammt aus Key West, Florida. Im klassischen Rezept verwendet man gesüßte Kondensmilch, Eigelbe und Limette. Das ist alles!

# Der Südwesten

## LEBENDIG, INNOVATIV, DEFTIG & KRÄFTIG

In den 1970er Jahren wandelte sich die kulinarische Landschaft des Südwestens. Bis dahin konnte sich kaum jemand etwas unter *Southwest cooking* (Küche des Südwestens) vorstellen. Texmex, die vom nahe gelegenen Mexiko beeinflusste texanische Küche, beherrschte die Region. Ebenfalls beliebt war die Küche des Westens, deren Verbreitungsgebiet sich bis zum Pazifik erstreckt, und zu dem man auch Kalifornien sowie die nördlich davon liegenden Staaten Oregon und Washington rechnet. Doch das Wiederentdecken der regionalen kulturellen Eigenheiten revolutionierte in den vergangenen drei Jahrzehnten die Esskultur der ganzen USA. So hat sich auch im Südwesten, der Texas, New Mexico und Arizona umfasst, eine kulinarische Eigenständigkeit entwickelt, die heutzutage international Anerkennung findet. Eingeflossen in diese regionale Küche sind die kulinarischen Inspirationen der *Nouvelle Cuisine* mit ihren italienischen, chinesischen und anderen Einflüssen. Das Ergebnis – das *Southwest cooking* – ist eine köstliche regionaltypische, aber dennoch innovative Küche.

OBEN
*Im Südwesten erinnern überall Schilder daran, welch große Bedeutung die Viehzucht und das Bier in dieser Region besitzen.*

### VIELFALT UND KONTRASTE

Kontrastreiche Vielfalt kennzeichnet den Südwesten in jeder Hinsicht: geographisch, klimatisch, sprachlich und in vielen anderen Bereichen. Supermoderne Städte wie Los Alamos in New Mexico, die das Atomzeitalter aus der Taufe hoben, liegen nur wenige Kilometer von den ältesten Städten der USA entfernt. Weit ausgedehnte und extrem flache Wüsten erstrecken sich neben rauesten Bergen; erstaunlich große Temperaturunterschiede bestimmen das Klima von Texas und Arizona.

Die bunt gemischte Bevölkerung des Südwestens setzt sich zusammen aus Mexikanern, Indianern, Menschen spanischer Abstammung und den *Anglos* (Amerikanern aus anderen Regionen der USA). Fast alle sprechen mindesten zwei Sprachen. Diese Vielfalt zeigt sich auch in den Nahrungsmitteln und deren Zubereitung. So wurde zum Beispiel die Küche entlang des Rio Grande von den Indianern geprägt, die Mais seit jeher in jeder Form verwenden. Die Märkte von New Mexico bieten daher eine riesige Auswahl an Maisprodukten.

Jede Einwanderungswelle bereicherte die regionale Küche: Die Milchprodukte stammen von den *Anglos*, die auch Gemüsesorten anbauten, die man in dieser Region noch nicht kannte. Die nachhaltigsten Einflüsse lassen sich auf die Indianer und die Spanier zurückführen. Zuerst als Eroberer, dann als Einwanderer kamen die Spanier im 16. Jahrhundert in den Südwesten der Neuen Welt, wo sie die Nahrung der Eingeborenen kennen und schätzen lernten. Den heimischen Nahrungsmitteln gaben sie spanische Bezeichnungen, die man bis heute benutzt. Damals verfügten Indianerstämme wie die Hopi oder Zuni über eine hoch entwickelte Gesellschaftsordnung, und lebten in kleinen Siedlungen, in *pueblos*. Sie bauten Mais, Bohnen und Kürbisse auf einem Boden an, den sie äußerst geschickt bewässerten. Den ersten Siedlern erschien vieles wie ein Wunder: Mais wuchs in allen Größen und Farben entlang der Wege (in präkolumbischer Zeit gab es Hunderte von Maissorten), aber auch Kartoffeln, Süßkartoffeln, Kürbisse, Avocados, Erdnüsse,

Tomaten, Paprika- und Chilischoten in vielen Varianten. Vor 400 Jahren verzehrten die Azteken Maispfannkuchen, die von den Spaniern *tortillas* genannt wurden und heutzutage in den feinsten Restaurants von Santa Fe serviert werden. Die *sopaipillas,* die Maiskuchen der Navajos, sind das beliebteste Brot im modernen Südwesten. Zu den kulinarischen Favoriten der Region zählt *guacamole,* ein Avocadopüree, das schon vor gut vier Jahrhunderten erfunden wurde. Wie *tamale, mole,* Kakao und Vanille haben diese Köstlichkeiten auf der ganzen Welt einen guten Klang.

### AUF SPANISCHE ART

Der Beitrag der Spanier zur Esskultur des Südwestens beschränkte sich nicht nur auf die Sprache. Auch in der Verwendung von Gewürzen und in vielen Garmethoden spiegelt er sich wider. Das Haupterbe liegt allerdings in einem anderen Bereich.

OBEN
*Zwei typische Elemente der Landschaft und des Lebens im Südwesten: Kakteen, von denen einige, wie der Feigenkaktus* (Opuntia), *essbar sind, und die Architektur der* casitas *(der kleinen Häuser). Charakteristische Holztüren verleihen durch ein besonders schönes Detail jedem Anwesen eine persönliche Note.*

Bereits nach kurzer Zeit erkannten die ersten spanischen Siedler, wie wenig sich Boden und Klima ihrer neuen Heimat für den Ackerbau eigneten. Die weiten Prärien dagegen schienen ideal für die Viehzucht zu sein. Daher importierten sie Longhorn-Rinder und bauten die ersten Ranches auf. Der Erfolg stellte sich rasch ein. Nach kurzer Zeit huteten zahllose *vaqueros* (Kuhhirten) riesige Herden und führten sie über unzählige Kilometer bis zu den Märkten, wo sie die Tiere verkaufen konnten.

Im 18. Jahrhundert, während Spanien noch das Gebiet kontrollierte, und verstärkt nach der Unabhängigkeitserklärung der USA öffnete sich der Südwesten für die Englisch sprechenden *Anglos,* die häufig ihre ganze Familie mitbrachten. Die zugewanderten Männer besaßen jedoch weitaus raubeinigere Umgangsformen als die Spanier. So entstand ein neuer Typ Amerikaner, der

Cowboy, inspiriert vom spanischen *vaquero*. Die Cowboys wurden zum Mythos, der die amerikanische Geschichte stark prägte. Eine für die Wirtschaft der Region wichtige Rolle spielten sie nur während einer kurzen Zeitspanne im 19. Jahrhundert. Nach dem Bau der Eisenbahnlinien und einiger solider Straßen durchquerten die Rinder das weite Land im Viehwaggon oder auf einem Lkw. In der großen Region, in der Fleisch seit

OBEN
*Bilder mit Motiven, die charakteristisch für den Südwesten sind: ein Christusbild,* Jalapeño-*Chili und der beliebte Cocktail »Margarita«.*

jeher eine große Bedeutung besitzt, hat sich die einst schlichte Viehzucht zu einer gigantischen Agrarindustrie entwickelt.

Lebendig geblieben ist die Legende vom Cowboy und seinem rauen Dasein auf der Prärie. Seine Lebensweise, seine Art sich zu kleiden und die Welt der Ranches haben das Bild des Südwestens für immer geprägt.

## DIE TEXMEX-KÜCHE

Kulinarische Traditionen und regionale Lebensweisen prägten die Texmex-Küche. Markantes Beispiel dafür ist das Barbecue (spanisch: *barbacoa*). Diese Art des Kochens im Freien gehört auch im modernen Texas zu den hoch geachteten Gebräuchen.

Die Texaner, die auf ihre Gastronomie sehr stolz sind, verzichten in ihrer Esskultur auf die Raffinesse der europäischen oder fernöstlichen Küchen. Im Mittelpunkt der Texmex-Küche steht gut durchgebratenes Fleisch. Einen besonderen Schwerpunkt bilden Bohnen, während andere Gemüse wenig Anklang finden und von konservativen Texanern sogar als *fancy* (ausgefallen) betrachtet werden. Nicht wegzudenken sind scharfe Saucen und feurige Gewürze sowie ziemlich lange Garzeiten in Saucen auf Tomatenbasis. Die Merkmale der Texmex-Küche vereinen sich exemplarisch in dem berühmtesten texanischen Gericht, das schon fast ein amerikanisches Nationalgericht ist: *chili con carne*.

Charakteristisch für die Texmex-Küche sind die Chilischoten, die es in unzähligen Größen und Sorten gibt. Ihr Geschmack reicht von mild bis höllisch scharf. Chili wurde schon angebaut, lange bevor die Europäer Amerika entdeckten. Für die Indianer waren die Schoten ein wichtiger, in reichlicher Menge verwendeter Bestandteil ihrer Nahrung. Der Chili-Geschmack (für viele Bewohner des Südwestens fast ein Kult) gehört untrennbar zu jeder kulinarischen Richtung der Region.

Das zweite ursprüngliche Nahrungsmittel ist der Mais, der in einer bestechenden Vielfalt verwendet wird. Er bildet die Hauptzutat von vielen Brotsorten, Nudeln, Saucen und unzähligen Gerichten. Das bekannteste Maisprodukt, die *tortilla*, ein Maispfannkuchen, überquerte alle Grenzen Amerikas und hat inzwischen einen Siegeszug als wichtigster Vertreter der Texmex-Küche in der ganzen Welt angetreten. Die *tortilla* ist Basis für viele Rezepte, zum Beispiel für *burritos, enchiladas, tamales, quesadillas, flautas* oder *tacos, tostaditas* und *nachos*.

## DIE NEUE, INNOVATIVE KÜCHE

Im Südwesten wie überall in den USA führen heute die Küchenchefs die Regie beim Kreieren eines kulinarischen Trends. Sie machen dabei nicht nur die regionalen Produkte, sondern auch die Geschichte der Region und ihrer Menschen bekannt.

Durch seine Vielfalt war der Südwesten ein fruchtbarer Boden für erfindungsreiche junge Köche. Wie die Pilze schießen heute die Restaurants und Kochschulen in Santa Fe, der neuen kulinarischen Hauptstadt der USA, aus dem Boden, aber auch in Tucson, Phoenix und selbst in abgelegenen Orten. Dieses Phänomen zeigt die Bereitschaft der Amerikaner, ihren kulinarischen Horizont zu erweitern und dennoch regionalen Produkten treu zu bleiben. Die muss man allerdings genau kennen, um Erfolg zu haben.

Die kräftigen Zutaten der Küche des Südwestens sind eine Herausforderung. Ein innovativer Küchenchef aus Santa Fe sagte: »Diese Küche ist wie New Mexico selbst: schlicht und mächtig zugleich.« Dieser Koch serviert seinen Gästen Kartoffelpüree mit Cantal und grünen Chilischoten oder in Kokosmilch gegarte Muscheln mit Chipotle (Chili-Art) und frischem Koriander. Kulinarische Wunderwerke!

UNTEN
*Die Spanier gründeten zahlreiche Missionen, um die Indianer zum Christentum zu bekehren. Die Architektur der Bauwerke, die zum Teil noch recht gut erhalten sind, besticht durch ihre schlichte Schönheit.*

*Seit geraumer Zeit steht das Cowgirl neben dem Cowboy im Rampenlicht der Öffentlichkeit. In Texas informiert ein Museum über die Rolle dieser weiblichen Pioniere in der Geschichte des Wilden Westens. Cowboystiefel gibt es seit 1800, sie sind stets reich verziert und spiegeln heute die aktuelle Mode wider. Der Cowboy-Look hat immer noch zahlreiche Anhänger.*

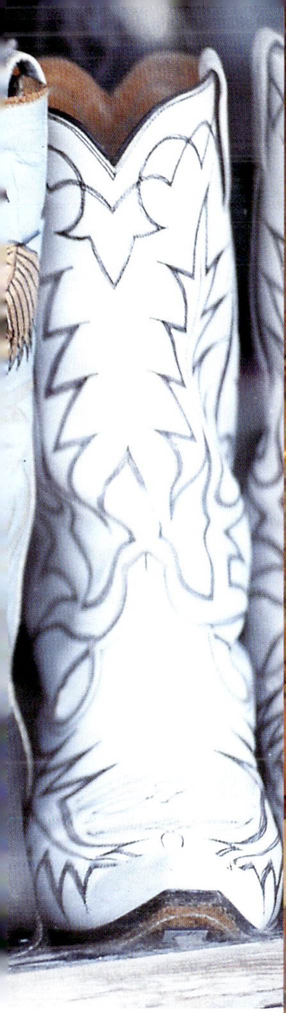

PALM & HOOF
READINGS
inquire within

## Pumpkin and Peppers Soup
### (Kürbissuppe mit Chili und Paprika)

8 Portionen
Zubereitung: 25 Minuten
Garzeit: 30 Minuten

- 1/2 frische Schote *Pasilla*-Chili
- 1 kg Kürbisfruchtfleisch, in 2 cm grosse Würfel geschnitten
- 4 Knoblauchzehen
- 2 rote Paprika, entkernt, geröstet, geschält und gewürfelt
- 200 ml Crème fraîche
- Salz
- Pfeffer

Die Chilischote in einer kleinen Schlüssel mit etwas kochendem Wasser übergießen und 30 Minuten weichen lassen.
Kürbis und Knoblauch in eine Kasserolle geben und so viel Wasser zugießen, dass beides gerade bedeckt ist. Das Ganze zum Kochen bringen. Die Hitze verringern, den Topf zudecken und die Suppe ein paar Minuten köcheln lassen.
Inzwischen die Chilischote aus dem Wasser nehmen (dieses nicht weggießen!), entkernen und in kleine Stücke schneiden. Chili und Einweichwasser in die Suppe geben und alles 25 Minuten köcheln lassen. Am Ende der Garzeit die Paprikawürfel einruhren.
Die Suppe vom Herd nehmen, abkühlen lassen und im Mixer pürieren. Das Püree in die Kasserolle zurückgießen und die Crème fraîche unterziehen.
Die Suppe bei geringer Hitze heiß werden lassen. Mit Salz und Pfeffer abschmecken und sehr heiß servieren.

GEGENÜBER
Pasilla, *eine im Südwesten der USA sehr häufig verwendete Chili-Sorte, verleiht dieser Kürbissuppe ihre typische Würze. Die Suppe schmeckt aber auch ausgezeichnet, wenn man eine andere frische rote oder grüne Chilischote verwendet. Als Faustregel gilt: je kleiner die Schote, desto schärfer der Geschmack.*

## Guacamole

Für etwa 32 Kanapees
Zubereitung: 15 Minuten

- 2 reife Avocados
- 1 Tomate, abgezogen, entkernt und klein gewürfelt
- 1 EL gehackte Zwiebel (oder Lauchzwiebel)
- 1 Knoblauchzehe, gehackt
- 3 TL Zitronensaft
- 1/2 TL fein zerkleinerte frische Korianderblätter
- 1/2 TL Chilipulver
- 1 Prise Salz
- 1 Prise Pfeffer

Die Avocados schälen und entkernen. Das Fruchtfleisch in eine Schüssel geben und mit einer Gabel zerdrücken.
Alle restlichen Zutaten hinzufügen und gründlich mischen. Nach Belieben mit Salz und Pfeffer abschmecken.

Die Guacamole wird auf kleinen Toasts oder *nachos* (Mais-Chips) verzehrt.

## Chili con carne

OBEN
*Es gibt zahlreiche fertige* salsas *mit fantasievollen Namen. Die Gläser sind häufig mit einem Gemisch aus Englisch und Spanisch beschriftet und mit einem Schuss Humor gewürzt.*

8 Portionen
Zubereitung: 30 Minuten
Garzeit: etwa 2 Stunden

- 250 g getrocknete Rote Bohnen
- 3 EL Olivenöl
- 2 grosse Zwiebeln, grob zerkleinert
- 4 Knoblauchzehen, gehackt
- 800 g Hackfleisch
- 200 g Bratwurstbrät
- 2 grüne Paprikaschoten, gewürfelt
- 2 EL Zucker
- 2 TL Salz, 2 TL Pfeffer
- 2 Lorbeerblätter
- 3 TL Paprikapulver
- 3 TL Kümmelpulver
- 5 EL Chilipulver
- 800 g Tomaten, abgezogen und geviertelt
- 140 g Tomatenmark
- 1 EL fein gehackter Dill
- 1 Hand voll frische Petersilie, gehackt

Die Bohnen über Nacht einweichen und am nächsten Tag im Einweichwasser garen, bis ihre Haut aufplatzt.
Das Olivenöl in einem großen Topf erhitzen und bei starker Hitze Zwiebeln und Knoblauch kurz darin anbraten. Hackfleisch und Bratwurstbrät hinzufügen und kräftig bräunen. Die grüne Paprika zugeben und 3 bis 4 Minuten garen.
Zucker, Salz, Pfeffer, Lorbeerblätter, Paprika- und Kümmelpulver sowie 3 Esslöffel Chilipulver einrühren. Tomaten und Tomatenmark hinzufügen und alles gründlich mischen. Das Ganze mindestens 1 Stunden bei geringer Hitze köcheln lassen. Dabei gelegentlich umrühren, damit nichts anbrennt. Bei Bedarf kochendes Wasser in jeweils kleiner Menge zugießen.
Die gekochten Bohnen unterheben und das Chili weitere 15 bis 30 Minuten garen. Am Ende der Garzeit das restliche Chilipulver, den Dill und die Petersilie unterrühren. Nach Belieben abschmecken und heiß servieren.

## Chili verde

10 Portionen
Zubereitung: 30 Minuten
Garzeit: 1 Stunde 30 Minuten

- 1 EL getrockneter Oregano
- 2 EL Kümmel
- 1 EL getrockneter Salbei
- 1 TL schwarzer Pfeffer
- 1 TL Cayennepfeffer
- 1,5 kg Schweineschulter, in 4 cm grosse Würfel geschnitten
- 4 EL Öl
- 2 Zwiebeln, klein gewürfelt
- 6 Knoblauchzehen, gehackt
- 330 ml Bier
- 1 l Hühnerbrühe
- 2 Lorbeerblätter
- 12 milde grüne Chilischoten (*pueblos*) oder 4 *jalapeño*-Schoten, gehackt
- 3 grosse Kartoffeln, gewürfelt
- frische Korianderblätter, fein gehackt

Oregano, Kümmel, Salbei, schwarzer Pfeffer und Cayennpfeffer in einer Schüssel mischen und das Fleisch darin wenden.
Das Öl in einem großen Topf erhitzen und das Fleisch darin von allen Seiten gut anbraten, bei Bedarf etwas Öl nachgießen. Das Fleisch mit einem Schaumlöffel herausheben und beiseite stellen. Zwiebeln und Knoblauch in den Topf geben, glasig braten und ebenfalls herausnehmen. Beiseite stellen. Mit Küchenpapier das verbliebene Fett aus dem Topf entfernen (nicht auswaschen). Fleisch, Zwiebeln und Knoblauch wieder in den Topf geben, Bier zugießen und zum Kochen bringen. Hühnerbrühe und Lorbeerblätter unterrühren und das Ganze 30 Minuten köcheln lassen. Die Chilischoten hinzufügen und 45 Minuten köcheln lassen. Die Kartoffeln zugeben und 25 Minuten garen, bis sie weich sind. Das Chili mit Koriander bestreuen und heiß servieren.

Variante:
Falls Sie *tomatillos* bekommen können, geben Sie 10 Stück davon in das Chili. Diese Früchte ähneln Tomaten, sind aber eng mit der Kap-Stachelbeere verwandt. Das dünne Blatt, von dem sie umgeben sind, müssen Sie entfernen. Im Südwesten der USA sind die *tomatillos* sehr beliebt.

Oben
*Die Menge der Chilischoten sollten Sie nach der Art der Schoten wählen, und danach, ob Sie lieber scharf oder milder essen.*

## CHILI: CON CARNE ODER OHNE ...

Das weltweit bekannteste Gericht, das mit reichlich Chilischoten zubereitet wird, ist sicherlich Chili con Carne. Insider sagen lässig: »eine Schüssel Rotes«. Dieses Gericht hat sich sowohl in Texas als auch im Südosten der USA zum Kult entwickelt. Die 1951 gegründete *Chili Appreciation Society International* streckt ihre Fühler in alle Welt aus. Chili con Carne taucht auffallend häufig in allen möglichen Fernseh- und Rundfunksendungen auf. Und der jährlich veranstaltete »Chilikrieg«, die *World Championship Chili Cookoff* (Chili-Kochweltmeisterschaft), verzeichnet immer wieder großen Zulauf. Zwar ähneln sich das mexikanische und amerikanische Chili con Carne, aber in den USA besteht man auf einer ganz eigenen Version, die irgendwo in Texas kreiert wurde, vielleicht in San Antonio. Die Bewohner des Südwestens beschwören jederzeit, dass ihr Chili con Carne kein mexikanisches Gericht ist, sondern in ihrer Region zu Hause. Schließlich sei die Sauce dicker und die Hauptzutat, das Rindfleisch, könne sich in Mexiko kaum jemand leisten. Ehrlicherweise muss man sagen, dass das Chili con Carne seine Inspiration Mexiko verdankt und zweifellos ein typisches Beispiel für die Texmex-Küche darstellt. Es gibt so viele Versionen, wie es Köche gibt, trotzdem sind sich die Texaner einig: Alle gleichnamigen Eintöpfe außerhalb des Südwestens sind nur ein schwacher Abklatsch vom echten Chili con Carne. Und in dieses Gericht gehören: ein Stück Rindfleisch (von den unteren Teilen), rote getrocknete Chilischoten, Tomaten, Knoblauch, Oregano, Kümmel, Wasser und alles zusammen lang gekocht. Im Lauf der Jahre haben sich ketzerische Praktiken eingeschlichen, zum Beispiel Rote Bohnen – ein Sakrileg für echte Insider –, Chilipulver statt Schoten und manch andere Verirrungen. Doch in all seinen Varianten zählt dieses Gericht zu den beliebtesten in den Vereinigten Staaten.

OBEN
*Eine Bar im Western-Look: Neonreklame für Bier vom Fass, Bilder von Pferden an der Wand, Barhocker aus Holz und ein Barkeeper mit Cowboyhut.*

## Barbecue Brisket

(Schmorfleisch nach Barbecue-Art)

8 Portionen
Zubereitung: 20 Minuten
Ruhezeit: 2 bis 3 Stunden
Garzeit: 4 bis 5 Stunden

Für die Barbecuesauce:
450 g Tomaten, grob zerkleinert
3 Knoblauchzehen, zerdrückt
1/4 l Apfelessig
80 g Kandisfarin (brauner Zucker)
3 EL weiche Butter
3 EL Worcestersauce
1/2 EL *Jalapeño*-Chilischoten oder 2 EL Chilipulver
Cayennepfeffer (nach Belieben)
Salz (nach Belieben)

1,7 bis 2 kg Rindfleisch (Querrippe)

Alle Saucenzutaten in einen Topf geben und zum Kochen bringen. Die Hitze verringern und die Sauce etwa 10 Minuten köcheln lassen, bis sie sämig-dick ist. Beiseite stellen. (Für längere Aufbewahrung abkühlen lassen und in einem luftdicht verschließbaren Glas in den Kühlschrank stellen.)
Aluminiumfolie auf einem Backblech ausbreiten (groß genug, um das Fleisch darin einzuwickeln). Das Fleisch auf die Folie legen und reichlich mit Sauce übergießen. Die Alufolie fest verschließen und das Ganze 2 oder 3 Stunden ruhen lassen. Den Backofen auf 160 °C (Gas Stufe 1) vorheizen. Das Fleisch in den Ofen schieben und 4 bis 5 Stunden garen. Es muss die ganze Sauce aufnehmen und zart und weich sein.
Das Fleisch portionieren und auf einer Platte anrichten. Die restliche Barbecuesauce in einer Schale servieren. Traditionell reicht man dazu *coleslaw* (Krautsalat).

OBEN
*Während das Fleisch beim Barbecue meist nur kurz gebraten wird, muss es bei diesem Gericht (Rezept links) sehr lange in einer scharfen Sauce garen (im Backofen oder in einem geschlossenen Barbecue-Grill).*

## Lamb Picadillo
### (Lamm Picadillo)

6 Portionen
Zubereitung: 20 Minuten
Garzeit: 30 Minuten

- 1 kg Lammschulter, ohne Knochen und ohne Fett, in 1 cm breite Streifen geschnitten
- 1/2 EL *jalapeño*-Chilischoten, gewürfelt
- 1/2 EL Chilipulver
- 1 EL getrockneter Oregano
- 1/2 EL Kümmel
- 2 Knoblauchzehen, zerdrückt
- Salz
- 450 g Tomaten, zerkleinert
- 1/4 l Wasser
- 60 g Rosinen
- 4 TL Kakaupulver, nicht gesüsst
- 30 g grüne Oliven, mit *Pimento* gefüllt
- 2 EL zerkleinerte Korianderblätter
- 2 EL Limettensaft
- Erdnussöl

Das Öl in einer großen Pfanne erhitzen. Das Fleisch hinzufügen und 4 Minuten bräunen. Chilischoten- und -pulver, Oregano, Kümmel, Knoblauch und etwas Salz zugeben. Das Ganze unter Rühren etwa 1 Minute braten. Die Tomaten unterrühren und weitere 2 Minuten garen lassen.
Wasser, Rosinen und Kakao hinzufügen und zum Kochen bringen. Die Hitze verringern und den Eintopf 20 Minuten köcheln lassen. Am Ende der Garzeit Oliven, Koriander und Limettensaft zugeben.
Das Lammgericht mit Polenta servieren oder auf warme Tortillas geben, die gerollt werden. Ausgezeichnet schmeckt es auch in Tacos (knusprige Tortillas) gefüllt.

GEGENÜBER
*Wenn Sie gern sehr scharf essen, nehmen Sie für dieses Lammgericht mehr Chilischoten als angegeben.*

RECHTS
Tomatillos *sind nur im Südwesten der USA verbreitet. In dieser Region gehört* salsa *zu praktisch jeder Mahlzeit.*

## SALSAS: ROH UND GEKOCHT

In den 1960er Jahren fand man nur in ausgesprochen spitzfindigen Küchenlexika einen Hinweis auf *salsa*. Heute dagegen führt selbst der kleinste Supermarkt mehrere Varianten dieser leckeren Sauce und das nicht nur überall in den USA, sondern fast weltweit. Die wachsende Popularität der Latino-Kultur in den Vereinigten Staaten, die Köstlichkeit ihrer Küche und die Einfachheit, mit der eine *salsa* sich herstellen lässt, erklärt die extrem weite Verbreitung dieser Produkte, die inzwischen kurzerhand unter »Texmex« eingereiht werden.
Frische, sonnengereifte Tomaten bilden die Basis der traditionellen *salsa* des Südwestens. Auch die anderen Zutaten, wie Limettensaft, Koriander und Zwiebeln, müssen absolut frisch sein. *Tomatillos* – Früchte, die der Tomate ähneln, aber mit der Kap-Stachelbeere verwandt sind – zählen ebenfalls zu den traditionellen Zutaten. Eine mit *tomatillos* zubereitete *salsa* schmeckt säuerlicher; *jalapeños* und andere frische grüne Chilischoten verleihen ihr eine schöne grüne Farbe. Für eine klassische *salsa* werden alle Zutaten sehr fein geschnitten (schneller geht es mit dem Mixer). Heute stellt man *salsas* mit einer Vielzahl von Zutaten her. Der Fantasie sind kaum Grenzen gesetzt, solange man die drei wichtigen Geschmacksrichtungen berücksichtigt: süß, sauer und würzig. Im Gegensatz zur klassischen *salsa* wird die für den Südwesten typische Chilisauce immer gekocht. Man verwendet dafür häufig die gleichen Zutaten und würzt immer mit mehreren Chilisorten. Da man die Sauce oft mit einer Mehlschwitze zubereitet, ist sie glatter und dicker. Ob roh oder gekocht, ob *salsa* oder Sauce – hier vereinen sich die wunderbaren Aromen des Südwestens auf köstlichste Weise.

## MAIS IN JEDER FORM

Ohne Mais kann man sich das Leben der Amerikaner kaum vorstellen. In Europa war diese Feldfrucht vor der Entdeckung der Neuen Welt unbekannt. Erst nachdem die Indianer, die seit langem die unterschiedlichsten Maissorten verzehrten, die ersten Siedler damit bekannt machten, gelangte der Mais auch in den Rest der Welt. Alle Kenntnisse über Mais stammen von den Indianern: Wie man die verschiedenen Sorten anbaut, wie man ihn trocknet, wie man ihn lagert und ihn für die langen Wintermonate konserviert. Aber auch, wie man ihn kocht, und sogar wie man ihn vorbereitet, um ihn zu essen.

Der Mais und die daraus hergestellten Produkte unterliegen einer ständigen Entwicklung. Als die Siedler diese Nahrungsmittel kennen lernten, mussten sie ihre Essgewohnheiten ändern. Beispielsweise stellten sie fest, dass Maisbrot nicht so locker war wie Brot aus Weizen. Kein Wunder, denn Mais enthält nicht das im Weizen vorkommende Gluten, daher kann das Brot nicht aufgehen. Um diesen Nachteil auszugleichen, gaben die Einwanderer Eier, Buttermilch, und später auch Hefe zum Maismehl. Diese Zutaten verliehen dem Brot die gewünschte Lockerheit. Im Lauf der Zeit entstanden die unterschiedlichsten Maisprodukte, zum Beispiel Maisöl, Maisstärke (Maizena) – und die Cornflakes. Diese »Maisflocken« fehlen garantiert auf keinem amerikanischen Frühstückstisch. Die ersten Cornflakes verdankte man den Gebrüdern Kellogg, die sie gegen Ende des 19. Jahrhunderts erfanden. Doch das liebste Maisgericht der Amerikaner bleibt *Corn on the Cob*, gekochte, von Butter triefende Maiskolben. Dafür besorgt man sich auf einem Bauernmarkt oder an einem der allgegenwärtigen Straßenstände frische Maiskolben, schält sie und lässt sie 7 bis 8 Minuten in kochendem Wasser garen. Wenn es beginnt, wunderbar nach Mais zu duften, nimmt man die Kolben heraus, gibt Butter, Salz und Pfeffer darüber und verspeist sie. Welch eine Delikatesse!

GEGENÜBER
*Blauer Mais zählte bei den Pueblo-Indianern zur Grundnahrung; die Hopi sahen in ihm ein Stärkungsmittel. Heute verwendet man die hübschen dunklen Kolben zur Dekoration, aus den Körnern macht man Chips oder mahlt sie zu feinem Mehl.*

*In präkolumbischer Zeit baute man mehr als 40 verschiedene Maissorten an.*

*Der Mais, den man vor 1700 Jahren aus Südamerika einführte, ist seit 800 Jahren eine der wichtigsten Nutzpflanzen Nordamerikas.*

*Die Zuni-Indianer feierten das Reifen des Maises. Für die heutigen Amerikaner ist es immer noch ein Vergnügen, sich den Mais selbst von der Ladefläche eines Pickup auszusuchen und ihn – kurz gegart – mit Butter zu verspeisen.*

*Überzähliger Mais wird konserviert; die dafür verwendeten Gläser sehen im Regal schön aus und sind im Winter willkommen.*

LINKS
*Vor 800 Jahren kam die Bohne nach Mittel- und Südamerika. Die Irokesen bauten etwa 60 Bohnensorten an. Anfang des 16. Jahrhunderts gelangte die* french bean, *die jedem bekannte Gartenbohne, nach Europa.*

# GUTE KÖRNER

Weizen und Quinoa sind zwei »neue alte« Nahrungsmittel. Zusammen mit vielerlei Bohnenarten gehören sie zu den gesunden Zutaten der modernen amerikanischen Küche. Jeder Supermarkt bietet diese Produkte in Hülle und Fülle an, häufig als offene Ware in hübschen Kisten, aus denen man die gewünschte Menge in eine Tüte schaufeln kann.
Weizen wird heutzutage für Suppen, Eintöpfe und manchmal sogar für Salate verwendet.
Bereits vor 5000 Jahren baute man in den Anden Quinoa an. Die Inkas nannten es »Muttergetreide«, ein treffender Name, denn es liefert alle lebenswichtigen Nährstoffe. Den Eingang in die amerikanische Küche fand es allerdings erst vor verhältnismäßiger kurzer Zeit.
Für die Indianer spielten Bohnen eine bedeutende Rolle, da sie im Gegensatz zu Mais auch auf einem schlechteren Boden gut gediehen. Außerdem ließen sich die schnell und problemlos zu trocknenden Bohnenkerne lange aufbewahren.
Bohnen, Mais und Kürbis bezeichneten die Indianer als die drei Schwestern. Aus gutem Grund: Diese Produkte leisteten einen wertvollen Beitrag zu einer kräftigenden, ausgewogenen Ernährung – daran hat sich bis heute nichts geändert.
Inzwischen gibt es von den Bohnen unzählige Arten, Unterarten und Sorten in Hülle und Fülle. Viele tragen sehr bildhafte Namen, wie etwa die *Kidney Bean,* eine rote Bohne in Form einer Niere, die *Pinto* und die *Cranberry,* zwei hübsche rosafarben beziehungsweise kastanienbraun gefleckte Bohnen. Die *Great Northern,* die Riesin aus dem Norden, oder die *Navy,* Grundlage vieler Gerichte, machten genau wie auch die schöne Augenbohnen regelrecht Furore. Bohnen in Hülle und Fülle – gesund, und schmackhaft!

## Quinoa Salad
(Quinoa-Salat)

6 Portionen
Zubereitung: 15 Minuten
Garzeit: 10 Minuten

200 g Quinoa
4 TL frischer Limettensaft
1/2 TL Salz
1 Prise schwarzer Pfeffer
1 *Jalapeño*-Chilischote, entkernt und klein gewürfelt
60 ml Olivenöl
1 Gärtnergurke, klein gewürfelt
1 Tomate, abgezogen, entkernt und zerkleinert
1 mittelgrosse weisse Zwiebel, fein gehackt
4 EL gehackte frische Korianderblätter

Quinoa waschen, bis das Wasser nicht mehr schäumt. Mit 1 Liter Wasser in eine Kasserolle geben. Zugedeckt und unter gelegentlichem Rühren zum Kochen bringen. Die Hitze verringern und das Getreide 10 Minuten köcheln lassen.
Quinoa abgießen und abkühlen lassen. Ab und zu mit einer Gabel umrühren, damit Luft zugeführt wird.
Limettensaft, Salz, Pfeffer und Chili in einer kleinen Schüssel mischen und unter ständigem Rühren das Öl zugießen.
In einer Salatschüssel Gurken, Tomaten, Zwiebel und Koriander mischen. Quinoa zugeben und das Ganze mit der Sauce begießen. Abschmecken und servieren.

GEGENÜBER
*Eine typische Landschaftsszene: Das Vieh weidet. Im Hintergrund stehen die Bäume des* cottonwood *vor der Unendlichkeit des Himmels.*
*Quinoa schmeckt köstlich und lässt sich in der Küche ebenso verwenden wie jedes andere Getreide.*

CHILI

*Für jede Chilisorte gibt es mehrere Namen und häufig wechselt die Bezeichnung zwischen der Ernte und dem Trocknen.*

CHIPOTLE

Chipotle *nennt man den* jalapeño *nach dem Trocknen.*

JALAPEÑO

*Der rote* jalapeño *wird länger an der Pflanze gelassen und entwickelt dabei einen markanten kräftigen Geschmack.*

OREGANO

*Der mexikanische Oregano ist eines der wichtigsten Gewürze in der Küche des Südwestens. Im Aroma unterscheidet er sich ein wenig vom Oregano des Mittelmeerraums.*

PFEFFER-SCHOTE

*Je kräftiger das Orange-rot von Pfefferschoten ist, umso mehr Kerne enthalten sie und desto schärfer sind sie.*

ANCHO

Ancho-*Pfefferschoten sind auffallend groß und schwarz.*

SERRANO & KORIANDER

Serrano-*Pfefferschoten verwendet man stets grün. Mit frischem Koriander würzt man im Südwesten fast jedes Gericht.*

GRÜNE CHILI

*Grüne Chilischoten werden wie Gemüse gegessen, gekocht oder roh, in Salsas oder anderen Gerichten.*

ROTE CHILI

*Das Chilipulver wird aus roten Chilischoten hergestellt.*

ANCHO

*Der frisch* poblano *genannte Chili heißt getrocknet* ancho.

## CHILI, MANCHE MÖGEN'S HEISS …

Chili ist zweifellos das wichtigste Produkt in der Küche des Südwestens. Jeder Mensch in dieser Region begeistert sich dafür, verzehrt ihn täglich in unzähligen Varianten und in fast allen Gerichten. Chili bildet einen Teil der Tradition. Diese äußerst vitaminreichen, gesunden – und sehr hübschen – Schoten werden nicht nur in großen Mengen verspeist, sondern dienen auch als Dekoration. Chili-Girlanden schmücken Küchen, Fenster und sogar Weihnachtsbäume. Gerichten verleihen sie ein appetitliches Aussehen.
Die in Mexiko beheimatete Chilipflanze kam vor rund 400 Jahren nach Nordamerika. Heute veranstalten unzählige Städte und Dörfer Festivals, die dem Chili gewidmet sind. Es gibt Chili-Clubs und man spricht sogar von Chiliholics, die nichts ohne Chili essen. Ohne Ende führt man Debatten um Schärfegrade (mild, scharf, höllisch scharf – in spitzfindigen Abstufungen), um die Farbe (rot oder grün?) und natürlich um die Bezeichnungen (einige Chilisorten haben drei oder vier Namen!). Zur Frage »Wodurch wird Chili scharf?« häufen sich die wissenschaftlichen Studien. Sogar eine Schärfemess-Skala existiert: die Scoville-Skala. Ein *jalapeño* hat 5000 Scoville-Einheiten und ein *habañero* (die schärfste Sorte) 300 000! Einfacher ist die Faustregel: Je kleiner und spitzer die Schote, desto schärfer ist sie. Chili ist wirklich ein heißes Thema!

## Peach Crumble
(Pfirsich mit Streuseln)

6 Portionen
Zubereitung: 10 Minuten
Backzeit: 30 Minuten

1 kg Pfirsiche
Zimt
150 g Mehl
100 g Haferflocken
80 g Zucker
125 g Butter, in kleine Stücke geschnitten

Den Backofen auf 180 °C (Gas Stufe 2) vorheizen.
Die Pfirsiche schälen und in mundgerechte Stücke schneiden. Eine flache ofenfeste Auflaufform mit dem Obst auslegen und dieses nach Belieben dünn oder dick mit Zimt bestreuen. Beiseite stellen.
Mehl, Haferflocken, Zucker und Butter mischen, bis die Masse krümelig ist. Die Früchte mit dieser Mischung bedecken, in den Backofen stellen und 30 Minuten goldgelb backen.
Lauwarm servieren und Joghurt oder Crème fraîche dazu reichen.

## Zucchini Bread
(Zucchini-Kuchen)

8 Portionen
Zubereitung: 20 Minuten
Backzeit: 1 Stunde

250 g Mehl
80 g Kandisfarin (brauner Zucker)
100 g Zucker
50 g Walnusskerne, grob zerkleinert
1 1/2 TL Hefe
1 TL geriebene Muskatnuss
1 TL Zimt
1 Prise Kardamom
1 TL Salz
250 g Zucchini
2 Eier
75 ml Pflanzenöl
1 1/2 TL geriebene Zitronenschale
50 g Rosinen

Den Backofen auf 180 °C (Gas Stufe 2) vorheizen und eine rechteckige Kuchenform fetten.
In einer Schüssel Mehl, Zucker, Nüsse, Hefe, Muskatnuss, Zimt, Kardamom und Salz mischen. Beiseite stellen.
Die Zucchini auf der Gemüsereibe grob raspeln und mit Hilfe von Küchenpapier trocknen.
Die Eier in einer großen Schüssel leicht verquirlen. Zucchini, Öl und Zitronenschale zugeben.
Die beiseite gestellte Mischung und die Rosinen vorsichtig unterheben. Den Teig in die Form füllen und im vorgeheizten Ofen 1 Stunde backen. Mit einer Messerklinge den Gartest machen: einstechen, herausziehen. Der Kuchen ist fertig, wenn an der Klinge kein Teig haftet.

GEGENÜBER
*Für das Zubereiten von crumbles gibt es viele Möglichkeiten. Man kann eine einzige Obstsorte oder eine Mischung nehmen, weißen oder braunen Zucker, eine Hand voll Kokosraspeln oder Haferflocken, Walnüsse oder Cashewkerne … Lassen Sie Ihrer Fantasie freien Lauf!*

# Der Mittlere Westen

## Herzstück mit Charme

Der Mittlere Westen ist das *heartland*, das Kern- oder Herzstück, der USA. Seine Küche ist die amerikanische Küche par excellence. Von hier kommen die Grundnahrungsmittel: Weizen, Mais und Fleisch.

Diese Region zu beschreiben ist nicht ganz einfach. Die Bewohner der Ostküste halten sie für ein »Mittelding«. Offiziell umfasst dieses riesige Gebiet das Land um die Großen Seen und das nördliche Mississippi-Tal. Zweifelsfrei gehören die Bundesstaaten Nebraska, Kansas, Missouri, Illinois, Indiana, Michigan, Wisconsin, Minnesota und Iowa dazu; doch oft werden auch Kentucky, Ohio sowie North und South Dakota mitgerechnet.

OBEN
*In Chicago gehören die Restaurants zur Stadtlandschaft. Gene & Georgetti's liegt unter der Hochbahn und die Atmosphäre in den* steak houses, *ist herzlich und leger.*

Fast in jedem der genannten Staaten findet eine *state fair* statt, eine große Messe zum Ruhm der regionalen Landwirtschaft. Die größte ist die in Iowa, die bereits 1854 zum ersten Mal abgehalten wurde. Fast eine Million Gäste besuchen sie jährlich am Ende des Sommers. Familien pilgern mit Kind und Kegel dorthin, um die Tiere und die landwirtschaftlichen Maschinen zu bewundern. Wo man geht und steht, wird gegessen, immerzu. Im Mittelpunkt stehen jedoch die unzähligen Wettbewerbe – um die beste Ernte, das beste Gelee. Jeder kann teilnehmen am Kampf um das »Siegerband« für den besten Ertrag oder den allerbesten Obstkuchen. Alle kulinarischen Spezialitäten des Mittleren Westens werden angeboten, häufig in Größen und Mengen der Extraklasse – und unendlich vieles »am Stiel«: Eiscreme mit Schokolade und Walnusssplittern überzogen, Brezeln, glasierte Äpfel, Pickles ... Favorit ist der *corn dog*, ein in Teig frittierter Hotdog, natürlich auch am Stiel. Dazu jede Menge Fleisch, Mais und Frittiertes – kurzum: das ganze kulinarische Spektrum des Mittleren Westens.

Der Mais hat eine so große Bedeutung, dass die Wirtschaft der ganzen Region von seinem Gedeihen abhängt. Man sieht ihn überall. Rund 45 Prozent der weltweiten Maisproduktion stammen aus den USA, nur 17 Prozent davon dienen der menschlichen Ernährung, der Rest wird als Viehfutter verbraucht. Der *corn belt* (Maisgürtel), wo der meiste Mais wächst, erstreckt sich von Ohio bis Iowa.

In der Weizenproduktion stehen die USA weltweit an zweiter Stelle. Weizen wird überall in den Great Plains angebaut: in den zum Mittleren Westen gehörigen Bundesstaaten Kansas, South Dakota, North Dakota und Nebraska, aber auch weiter nach Westen bis Colorado und Montana. Der Mittlere Westen liefert auch Hafer und Soja, und zwar in noch größeren Mengen als Weizen!

### Eine Stadt mit tausend Gesichtern

Der Dichter Carl Sandburg charakterisierte Chicago zu Beginn des 20. Jahrhunderts als »stürmisch, robust, streitlustig«, die Prärie dagegen als »Frieden in der Einsamkeit«.

Chicago, eine der größten Städte der USA, liegt am Ufer des Michigansees, eines Sees so groß wie ein Meer. Es ist eine Stadt mit faszinierender Architektur, das Tor zum Westen, wo die viel besungene Route 66 beginnt. Im 19. Jahrhundert fanden hier schwedische, norwegische, dänische, irische, deutsche, polnische und asiatische Einwanderer eine neue Heimat. 1848 war Chicago nur eine Station beim Transport der Rinder vom Westen in andere Teile des Landes. Doch als sich die Fleischindustrie allmählich in Chicago niederließ, wurde die Stadt das Zentrum der Schlachthöfe. Ende des 19. Jahrhunderts arbeiteten mehr als 2500 Menschen in der Fleischindustrie und man produzierte hier 82 Prozent des in den USA verzehrten Fleisches.

Technische Innovationen, wie verbesserte Kühlmöglichkeiten und das Fließband, brachten der industriellen Fleischverarbeitung große Fortschritte, aber nicht unbedingt bessere Arbeitsbedingungen. Die Schwerstarbeit leisteten anfangs Engländer, Iren und Deutsche. In den Betrieben fanden auch Böhmen, Polen und andere Einwanderer aus Osteuropa auch ohne Englischkenntnisse einen Job. Später kamen Litauer, Russen, Ukrainer, Mexikaner und Afro-Amerikaner hinzu. All diese Volksgruppen sammelten sich in bestimmten Stadtvierteln, in denen ein sehr starker sozialer Zusammenhalt bestand.

OBEN
*Alle sind sich einig, dass Chicago eine der schönsten Städte der USA ist. Dies liegt vor allem an seinen alten Häusern und seinen architektonisch interessanten Restaurants.*

Die Schlachthöfe von Chicago haben 1971 offiziell ihre Tore geschlossen. Smithfields Food, heute der Welt größter Schlachthof, liegt in North Carolina. Zwei weitere große Schlachthöfe befinden sich in Iowa und Oklahoma.

DIE SIEDLER IM MITTLEREN WESTEN

Die Geschichte der schwedischen Auswanderung vermittelt eine gute Vorstellung von den Lebensbedingungen der Siedler im Mittleren Westen. In den 1840er Jahren setzte in Schweden eine starke Auswanderungswelle ein. Die Auswanderer landeten in New York, dann unternahmen sie eine Reise von mehr als drei Monaten Dauer zu Fuß oder mit dem Pferdewagen am Eriesee entlang in Richtung Chicago.

1910 gab es 1,4 Millionen Schweden in den USA; 60 Prozent davon hatten sich in den Städten des Mittleren Westens, vor allem in Chicago niedergelassen. Der Rest siedelte in den weiten fruchtbaren Ebenen. In Wisconsin gründeten sie zahlreiche Molkereien und kreierten Käsesorten wie den *colby* und den *limburger*.

Nahrungsmittel fanden die Pioniere im Mittleren Westen in Hülle und Fülle. Die Region bot eine reiche Vielfalt: Walnüsse, Butternüsse, Maronen, Bucheckern, Haselnüsse und Pekannüsse, Kirschen, Khakis, Weintrauben, Pflaumen, Wilde Äpfel, Erdbeeren, Himbeeren und Brombeeren, zahllose Kräuter und Wurzeln zu Heilzwecken und für Tees, Fleisch (Hirsche, Truthähne, Eichhörnchen) und in den zahlreichen Seen Fische der verschiedensten Arten. Der Mais war in dieser Zeit nicht nur ein landwirtschaftliches Produkt, sondern die Währung im Tauschhandel. Maisgrieß bildete die Grundlage vieler Gerichte.

OBEN
*In den Great Plains, den unendlichen Ebenen des Mittleren Westens, produzieren die Farmer ihren eigenen Käse und verkaufen das Fleisch ihres Viehs. Kuchen und Quilts gehören auch zu ihren handwerklichen Produkten.*

Nachdem die Farmen gebaut waren, bereicherte der Küchengarten den Speiseplan mit verschiedenen Kürbis-Arten, Kartoffeln, Bohnen, Erbsen, Kohl, Möhren, Zwiebeln, Rhabarber, Rettiche, Kopfsalat, Steckrüben, Schwarzwurzeln und Kräutern.

Die Viehzucht erbrachte neben Fleisch auch Eier und Käse. Während der langen Winter verwendete man viel Zeit auf das Schlachten der Tiere und das Herstellen von Würsten, Sülzen, Pökelfleisch, Schinken und Bacon. Hinweise auf die »Erfinder« mancher Wurstwaren geben deren polnische, deutsche oder tschechische Namen. Da Salz sehr teuer war, konservierte man das Fleisch meist in Essiglake.

Das selbst gezogene Obst und Gemüse wurden in der Sonne getrocknet oder zu Gelee und Marmelade verarbeitet. Gurken und andere Würzfrüchte legte man in Essig ein oder machte Relish oder Pickles daraus. Kohl verzehrte man als Sauerkraut.

### SPEZIALITÄTEN AUS WEITER FERNE

Die von den Pionieren überkommenen Rezepte des Mittleren Westens sind durch einen starken skandinavischen Einfluss geprägt. In Dakota ist das Roggenbrot dunkel und kompakt, mit Melasse und Kümmel gebacken. Das heute in den USA so beliebte Ritual der Kaffeepause ist ein Überbleibsel einer Sitte skandinavischer Frauen, die traditionell jeden Tag morgens und am Nachmittag Kaffee tranken. Auch ihren Ehemännern brachten sie Kaffee und einen Imbiss aufs Feld, etwa *crullers*, eine Art Krapfen. Ebenfalls von dieser Sitte stammt *danish*, ein Gebäck mit Konfitüre, Trockenpflaumen oder Rosinen.

In Wisconsin knackte man am Abend vor dem Kamin sitzend die Walnüsse, die in dieser Gegend im Überfluss wuchsen, und verwendete sie am nächsten Tag zum Kuchen- und Brotbacken. In Nebraska backte man *spoon bread* (Brot aus Maismehl).

Auch die Polen steuerten ihre heimatlichen Spezialitäten bei: diverse Würste und *babka*, einen Mandelkuchen mit getrockneten Beeren, Orangenschale und -glasur. Von den Tschechen stammt der *kolache*, ein Pflaumenkuchen. In Michigan findet man Rezepte für Froschschenkel, die zuerst von den Missionaren, dann von den frankokanadischen Trappern mitgebracht wurden.

Im Norden von Indiana wohnen die meisten Amish der USA – deutsche Protestanten, die im 17. Jahrhundert auf der

Suche nach Religionsfreiheit ihre Heimat verlassen hatten. Herrliche Farmen in traumhaften Landschaften, Häuser ohne Strom, bildschöne Quilts, die von den Vorfahren gefertigt wurden – all das gehört zum Land der Amish. Ihre kulinarische Tradition ist eine Mixtur aus der deutschen und der Küche der Pilgerväter. Schinken, Würste, Gerichte, für die jedes Teil vom Schwein verarbeitet wurde, in Essig und Gewürze eingelegtes Obst und Gemüse, Mais, Buchweizen, Bohnensuppen sowie Gemüse und Kartoffeln in jeder Form gehören zum Alltag. An Weihnachten gibt es jede Menge *coffee cakes* und *cookies*.

Ein Hochgenuss ist die Gastronomie des Mittleren Westens. Am allerbesten schmeckt das Essen in Familien – *home cooking* hat hier Tradition und wird heute noch sehr gepflegt. Doch auch in Restaurants jeder Art werden die hervorragenden Spezialitäten der Region serviert.

UNTEN
*Um die Winter und die Kälte, die in diesem Teil der Vereinigten Staaten herrscht, zu versüßen, gibt es nichts Besseres als Zuckerstangen, eine Spezialität der Region.*

Man kann sich kaum vorstellen, dass ein Essen aus der Schachtel so lecker sein kann ... Die raffiniertesten hot dogs der Welt gibt es in Chicago: Superdawg stellt selbst die Würste her und garniert alles frisch im Haus. Der demon dog trägt einen merkwürdigen Namen, ist aber schon fast zum Kult geworden.
Man kann alles – einschließlich der leckeren Milch-Shakes – sicher verpackt mitnehmen und zu Hause verzehren.

FOUNTAIN THINGS
BEVERAGES
23

Superdawg®
DRIVE IN
MILWAUKEE and DEVON
S.M.

OBEN

*Eine gute Suppe, dick und nahrhaft: eine sichere Verteidigung gegen die langen Winter des Mittleren Westens.*

## Mushroom Barley Soup
(Champignons-Graupen-Suppe)

6 Portionen
Zubereitung: 30 Minuten
Garzeit: 1 Stunde 30 Minuten

150 g Perlgraupen
3 l Hühnerbrühe oder Gemüsebrühe oder Wasser
3 oder 4 EL Sojasauce
3 oder 4 EL trockener Sherry
30 g Butter
3 mittelgrosse Zwiebeln, gewürfelt
3 Knoblauchzehen, zerdrückt
250 g Champignons, in Scheiben geschnitten
150 g Fenchel, fein gehackt
Salz, Pfeffer

Die Graupen in 1 Liter Brühe oder Wasser 20 bis 25 Minuten sprudelnd kochen lassen, bis sie weich sind. Die restliche Brühe, die Sojasauce und den Sherry zugeben und das Ganze bei schwacher Hitze köcheln lassen.

Inzwischen die Butter in einer großen Pfanne erhitzen. Zwiebeln und Knoblauch hinzugeben und etwa 10 bis 15 Minuten braten, bis sie weich sind. Die Pilze und den Fenchel hinzufügen. Nach Belieben mit Salz würzen. Das Ganze 15 Minuten garen, bis alle Gemüse weich sind.

Die Gemüsemischung in die Suppe geben. Mit Pfeffer und Salz abschmecken und die Suppe bei geringer Hitze 20 Minuten köcheln lassen. Nochmals abschmecken und heiß servieren.

## Corn Chowder
(Maissuppe)

8 Portionen
Zubereitung: 20 Minuten
Ruhezeit: 2 Stunden
Garzeit: 45 Minuten

150 g geräuchertes Bauchfleisch
2 Zwiebeln, gewürfelt
500 g Kartoffeln, in kleine Würfel geschnitten
1/2 l Gemüsebrühe oder Hühnerbrühe
600 g Mais aus der Dose
1/2 l Milch
2 EL Butter
Pfeffer, Salz nach Belieben

Das Bauchfleisch grob zerkleinern und in einer großen Gusseisenkasserolle auslassen. In diesem Fett die Zwiebeln glasig braten. Kartoffeln zugeben. Mit der Brühe aufgießen und etwa 15 Minuten garen.
Den Mais zugeben und weitere 5 Minuten garen. Milch, Butter und Pfeffer hinzufügen und das Ganze gerade bis zum Kochen bringen (die Suppe darf nicht zu sprudeln anfangen).
Vom Herd nehmen und mindestens 2 Stunden ruhen lassen. Vor dem Servieren wärmen.

OBEN
*Eine schöne Farm der Amish in Indiana am Ende des Winters. Bald schon werden die Felder mit Mais bedeckt sein.*

## GESUND UND NAHRHAFT

Der Wildreis wird in der Sprache der Chippewa-Indianer *manonim* (gute Beere) genannt. Er hat jedoch zu heftigen Bruderkriegen unter den Indianern geführt – vor allem zwischen den Ojibwa und den Chippewa. Jeder wollte die Kontrolle über die Seen, in denen der Reis wuchs. Französische Einwanderer gehörten zu den ersten Europäern, die den Wildreis kennen lernten; sie nannten ihn aufgrund seines Wuchses »verrückter Hafer«. Präzise gesagt, handelt es sich um ein Gras *(Zizania aquatica)*, das in Seen von weniger als einem Meter Tiefe wächst.
In den USA ist Minnesota der Hauptproduzent, gefolgt von Wisconsin und Kalifornien. Wildreis wird teilweise noch immer auf traditionelle Art angebaut. Er wird von Hand geerntet, in der Sonne ausgebreitet, geschält und geröstet. So wird ein teures Produkt daraus. Heutzutage versucht man vielfach mit moderneren Methoden, die Verluste an reifem Reis zu verringern, die durch die Verschmutzung der Seen und die von Biberdämmen verursachten Überschwemmungen entstehen. Wildreis ist teuer, aber sehr reich an Nährstoffen: Ein Teil gekochter Wildreis entspricht etwa vier Teilen »normalem Reis«.
Buchweizen heißt auf Englisch *buckwheat*, ist aber trotz der Bezeichnung *wheat* (Weizen) kein Getreide, sondern zählt zum Gemüse. Er ist mit Sauerampfer und Rhabarber verwandt. Man baut ihn in großem Umfang in North Dakota und anderen Staaten des Mittleren Westens an. Gebratene Buchweizengrütze nennt man *kasha*. Das ist ein russisches Wort, denn es waren überwiegend slawische Einwanderer, die zahlreiche Rezepte für die Zubereitung des gesunden und nahrhaften Buchweizens aus ihrer Heimat mitbrachten.

## Cornish Hen
### (Mit Wildreis gefüllte Hühnchen)

3 oder 4 Portionen
Zubereitung: 20 Minuten
Garzeit: 1 Stunde

Für die Füllung:
Olivenöl
300 g Zwiebeln, gewürfelt
3 Knoblauchzehen, zerdrückt
2 Stangen Staudensellerie, gewürfelt
2 kleine rote Paprikaschoten, in kleine Stücke geschnitten
1 Prise Cayennepfeffer
1 Prise schwarzer Pfeffer
1 EL Honig
1 Lorbeerblatt
180 ml Rotwein
100 g Wildreis
100 g weisser Reis
1/4 l Hühnerbrühe
1/4 l Wasser
100 g Champignons, blättrig geschnitten

2 Hühnchen von je 500 g

Für die Füllung Öl in einer Pfanne erhitzen und Zwiebeln, Knoblauch, Sellerie und Paprika darin anbraten. Cayennepfeffer, schwarzen Pfeffer, Honig, Lorbeerblatt und Wein zugeben. Das Ganze 5 Minuten köcheln lassen.
Wildreis und weißen Reis hinzufügen und 10 Minuten garen. Brühe und Wasser zugießen und zum Kochen bringen. Die Hitze verringern und den Reis etwa 45 Minuten garen. Bei Bedarf Wasser oder Brühe zugießen. Die Pilze einrühren. Den Backofen auf 180 °C (Gas Stufe 2) vorheizen.
Die Hühnchen mit der Mischung füllen und im Backofen 45 bis 60 Minuten braten, bis das Geflügel gar ist.
Den restlichen Reis als Beilage servieren.

GEGENÜBER
*Die Kombination von Hühnchen und Wildreis ist eines der leckeren Gerichte in der Küche des Mittleren Westens.*

OBEN UND GEGENÜBER
*Relishes und Pickles sollte man zum Aufbewahren in luftdicht verschließbare Gläser füllen und an einen dunklen Platz stellen. Die an sich schlichten Farmen des Mittleren Westens überraschen durch ihre unerwartet einfallsreichen Zickzack-Zäune.*

## Summer Squash Relish
(Zucchini-Relish)

FÜR ETWA 6 X 1/2-L-GLAS
ZUBEREITUNG: 30 MINUTEN
RUHEZEIT: 12 STUNDEN
GARZEIT: 15 MINUTEN

1,25 KG ZUCCHINI, GERASPELT
1,25 KG GURKEN, GERASPELT
1 KG ZWIEBELN, KLEIN GEWÜRFELT
4 EL GROBES SALZ
1/2 L APFELESSIG
200 G KANDISFARIN (BRAUNER ZUCKER)
2 EL SENFPULVER
1 EL KURKUMA
2 TL MUSKATNUSS, GERIEBEN
3 PAPRIKASCHOTEN (ROT UND GRÜN GEMISCHT), GEWÜRFELT

Zucchini, Gurken, Zwiebeln und Salz in eine Porzellan- oder Glasschüssel geben und mindestens 12 Stunden entwässern lassen.
Essig, Zucker, Senfpulver, Muskatnuss und Kurkuma in einen großen Topf geben und zum Kochen bringen. Paprika und alle entwässerten Gemüse hinzufügen und das Ganze etwa 15 Minuten kochen lassen, bis die Paprika weich, aber noch bissfest ist.
Noch heiß in die Gläser füllen und diese sofort luftdicht verschließen.
Das Zucchini-Relish kann sich gut verschlossen bis zu 1 Jahr halten.

## Mustard Pickles
(Pickels in Senf)

FÜR ETWA 4 X 1/2-L-GLAS
ZUBEREITUNG: 45 MINUTEN
RUHEZEIT: 24 BIS 48 STUNDEN
GARZEIT: 30 MINUTEN

500 G KLEINE WEISSE ZWIEBELN
1 KG GEMÜSEZWIEBELN, GROB ZERKLEINERT
3 GRÜNE TOMATEN, GROB ZERKLEINERT
1 GRÜNE PAPRIKA, GROB ZERKLEINERT
1 ROTE PAPRIKA, GROB ZERKLEINERT
2 GROSSE GURKEN ODER 2 MITTELGROSSE ZUCCHINI, IN STÜCKE GESCHNITTEN
3 KNOBLAUCHZEHEN, GEWÜRFELT
2 ODER 3 EL GROBES SALZ
1/2 L APFELESSIG
1/2 L WEINESSIG
180 G BRAUNER ZUCKER
2 EL SENFPULVER
1 EL SENFKÖRNER
1 EL SELLERIESAMEN
3 KÖRNER PIMENT (NELKENPFEFFER)
2 LORBEERBLÄTTER, ZERKLEINERT
3 NELKEN
75 G MEHL
1 EL KURKUMA

Zwiebeln, Tomaten, Paprika, Gurken und Knoblauch schichtweise in eine Salatschüssel aus Glas oder Keramik legen und mit Salz bestreuen. 24 bis 48 Stunden ruhen lassen.
Beide Essigsorten, Zucker, Senfpulver und -körner sowie den Selleriesamen in einem Topf zum Kochen bringen. Piment, Lorbeerblätter und Nelken in einem Gazesäckchen oder einem Tee-Ei zugeben.
Mehl, Kurkuma und 1/4 Liter Wasser in einer Schüssel zu einem glatten Teig verrühren und ihn so in die Essig-Mischung einrühren, dass sich keine Klümpchen bilden.
Die Sauce muss cremig und ziemlich süß sein; bei Bedarf Mehl und/oder Zucker zugeben.
Das eingelegte Gemüse in die Sauce geben und das Ganze unter Rühren zum Kochen bringen.
Das Gemüse in Gläser füllen, mit Sauce bedecken und die Gläser sofort luftdicht verschließen. An einen dunklen Platz stellen. Es dauert 1 Monat, bis man die Pickles essen kann. Sie halten sich dann etwa 1 Jahr.

OBEN

*Wer Mittlerer Westen sagt, muss auch Fleisch sagen! Die Metzger von Chicago sind stolz auf ihren Ruf; sie bemühen sich, ihre Kunden stets mit den besten Stücken zu beliefern.*

## Flank Steak
(Rinderroulade)

4 Portionen
Zubereitung: 30 Minuten
Garzeit: 40 Minuten

Für die Füllung:
- 4 EL Olivenöl
- 200 g Blattspinat
- Salz, Pfeffer
- 50 g Schalotten, zerkleinert
- 1 Knoblauchzehe
- 1 TL Thymian
- 150 g Champignons, in Scheiben geschnitten
- 2 EL Wermut
- Saft 1/2 Zitrone
- 50 g Butter
- 75 g Fontina, klein gewürfelt, oder geriebener Comté oder Greyerzer
- 3 Blättchen Basilikum, zerkleinert

- 2 sehr dünn geschnittene Rouladen von je 250 g

2 Esslöffel Öl in einem Topf erhitzen und den Spinat darin kurz anbraten. Salzen, pfeffern und kurz abkühlen lassen. Den Spinat gründlich auspressen und grob zerkleinern. Beiseite stellen.
Den Backofen auf 180 °C (Gas Stufe 2) vorheizen.
Das restliche Öl erhitzen. Schalotten, Knoblauch und Thymian zugeben und bei geringer Hitze anbraten. Die Pilze hinzufügen und braten. Den Wermut zugießen und einkochen lassen. Zum Schluss Zitronensaft und Butter einrühren.
Die Mischung zum Spinat geben, gut verrühren und Käse und Basilikum hinzufügen. Mit Salz und Pfeffer abschmecken.
Die Rouladen dünn mit der Füllung bestreichen und relativ fest zusammenrollen (mit Nadeln oder einem Faden fixieren). Im vorgeheizten Backofen 20 Minuten garen, bis das Fleisch weich ist (nicht zu lange garen, sonst wird es trocken).
Die Rouladen in etwa 1 Zentimeter dicke Scheiben schneiden und auf vorgewärmten Tellern servieren.

## JE ÄLTER, DESTO ZARTER!

Das rote Fleisch, *red meat*, ist in den Vereinigten Staaten immer noch von großer Bedeutung, obwohl die vegetarische Küche auf dem Vormarsch ist, weil man sie für gesünder hält. Trotz der Bedenken, die heute mit dem Genuss von Rindfleisch verbunden sind (BSE beim Rind, Creutzfeldt-Jacob beim Menschen), kann man sich nur schwer vorstellen, dass ein großer Teil der amerikanischen Bevölkerung auf das *big thick piece of steak* (dicke Rindersteak) verzichtet.
Chicago ist das Zentrum der »Fleischkultur«. Noch bis vor kurzem wurde der größte Teil der Fleischproduktion hier vorbereitet, bevor er ins ganze Land geliefert, verkauft und in amerikanischen Restaurants oder Haushalten serviert wurde. Die Metzger von Chicago sind legendär.
Sie haben einen Reifungsprozess für das Fleisch entwickelt, *dry aging* (trocken) genannt, der es zarter macht: Man bewahrt das Fleisch eine gewisse Zeit unter Speziallampen bei einer festgelegten Temperatur auf (in Deutschland wird das Fleisch frischer verzehrt). Außerdem werden die Fleischstücke in einer ganz bestimmten Weise zerlegt, die dazu beiträgt *T-bone, porterhouse, rib roast* und *strip steak* an der Spitze der Hitliste amerikanischer Fleischgerichte zu halten.
Der Stil der *steak houses* von Chicago hat sich weltweit verbreitet. Die Restaurants von Chicago – Mortons, Smith and Wollensky, Gene & Georgetti, The Chop House – werden in allen amerikanischen Großstädten in Lizenz betrieben oder einfach nachgeahmt. Sehr bekannt ist zum Beispiel Peter Lugers »Porterhouse« in Brooklyn, das zu einem Wallfahrtsort vieler New Yorker Rindfleischliebhaber geworden ist. Selbst in Los Angeles, wo sich die vegetarische Ernährung schon zu einer echten Glaubensfrage entwickelt hat, findet man zahlreiche *steak houses,* darunter zwei große Mortons-Restaurants, Filialen einer Kette, die für die Kultur des *red meat* steht.

## A BEER, PLEASE!

Bier zählt zu den Lieblingsgetränken der Amerikaner. In jeder Region gibt es Brauereien, die meisten Betriebe entwickelten sich jedoch im 19. Jahrhundert im Mittleren Westen. Die weiten Ländereien, auf denen Getreide (Gerste, Roggen, Weizen, Hafer, Mais) und Hopfen angebaut wurde, lieferten den Rohstoff. Deutsche und tschechische Einwanderer brachten ihre Liebe zum Bier und vor allem die Kenntnisse mit (das *budweiser* hat seinen Namen von der tschechischen Stadt Budweis).
In den 1920er Jahren zwang die Prohibition Tausende von Brauereien zu schließen. Am Ende dieser »abstinenten« Periode, 1933, wurden nur 400 wieder in Betrieb genommen.
Die Einführung von Aluminiumfässern in den 1930er Jahren und die Begeisterung für *lite beer* (Bier mit wenigen Kalorien), ein wesentlich späteres Phänomen, haben diese Industrie total verändert und sie zu einer starken Konzentration getrieben. Heute beherrschen vier große Brauereien den Binnenmarkt; drei davon befinden sich im Mittleren Westen.
In den vergangenen zwanzig Jahren ist eine neue Generation an Bieren aufgetaucht, die aus den neu entstandenen *microbreweries* (kleinen Brauereien) stammen. Bierliebhaber suchen dort ein Bier, das europäischer schmeckt, kräftiger ist und weniger *lite.* Diese Brauereien, in denen das Bier zum Kult erhoben wird, produzieren Getränke mit recht eigenartigen Namen, die in originellen Dosen oder Flaschen vertrieben werden. Viele Fans dieser Gebräue genießen ihr Bier auch direkt vor Ort – einträchtig um einen der großen Braubottiche versammelt.

GEGENÜBER
*Nicht nur im Mittleren Westen braut man gutes Bier. San Francisco ist ebenfalls dafür berühmt.*

*Die Anchor Steam Brewery in San Francisco, wurde 1896 gegründet und hat die Prohibition überstanden.*

*In Kalifornien trinkt man Bier mitunter lauwarm und ungefiltert. Die darin enthaltene Hefe verbreitete einen feinen Dampf.*

*Die ersten Bierlieferungen in Milwaukee erfolgten in diesen Lastwagen, die für ihre Zeit höchst modern waren und gleichzeitig als rollende Reklametafeln dienten.*

*Im Mittleren Westen wird das Bier im Allgemeinen eisgekühlt getrunken.*

Made in San Francisco since 1896

## Coffee cake à la rhubarbe
(rhubarb coffee cake)

8 Portionen
Zubereitung: 15 Minuten
Backzeit: 40 Minuten

125 g weiche Butter
250 g Kandisfarin (brauner Zucker)
1 Ei
1 paar Tropfen Vanille-Aroma
300 g Mehl
1 Prise Salz
1 TL Natron
1 125-ml-Becher Naturjoghurt
300 g Rhabarber, in kleine Stücke geschnitten
200 g Zucker
1 TL Zimt

Den Backofen auf 180 °C (Gas Stufe 2) vorheizen. Eine Backform (Ringform) fetten.
Butter und Kandisfarin in einer Schüssel schaumig rühren. Das Ei und Vanille-Aroma unterrühren.
In einer zweiten Schüssel Mehl, Salz und Natron mischen.
Die beiden Mischungen gründlich vermengen. Nacheinander das Joghurt und den Rhabarber hinzufügen und den Teig in die Backform füllen.
Zucker und den Zimt mischen und damit den Teig bestäuben. (Daraus bildet sich eine dicke köstliche Kruste.)
Den Kuchen im vorgeheizten Backofen etwa 40 Minuten backen. Auf einem Kuchengitter abkühlen lassen.

GEGENÜBER
*Im* coffee cake *ist trotz seines Namens kein Kaffee. Er wird zum Frühstück oder zum Nachmittagskaffee gereicht und ist eine der angenehmen und geselligen kulinarischen Traditionen.*

## Pork Chops with Apples
(Schweinekoteletts mit Äpfeln)

6 Portionen
Zubereitung und Garzeit: 40 Minuten

6 Schweinekoteletts
Salz, Pfeffer
4 EL Apfelgelee
2 EL Dijon-Senf
2 EL Wasser
1 TL Kümmelpulver
3 grüne Äpfel, geschält, entkernt und in Scheiben geschnitten
3 EL Apfelessig

Die Koteletts salzen und pfeffern und 10 Minuten zusammen in einer großen Pfanne ohne Fettzugabe braten, bis beide Seiten goldbraun sind.
Gelee, Senf, Wasser und Kümmelpulver in einer Schüssel mischen und auf die Koteletts geben. Einen Deckel auflegen und das Ganze bei schwacher Hitze 8 Minuten garen.
Die Äpfel in die Pfanne geben, den Essig zugießen und einige Minuten bei mittlerer Hitze kochen lassen, bis die Früchte weich sind. Dabei den Bratensaft vom Boden lösen.
Das Fleisch auf eine vorgewärmte Servierplatte geben und die Äpfel um das Fleisch herum anrichten. Warm stellen.
Den Bratsud bei starker Hitze zügig einkochen lassen, bis etwa 5 Esslöffel Sauce übrig bleiben.
Die Sauce über das Fleisch und die Äpfel geben und sofort servieren.

## Banana Cream Pie
### (Bananenkuchen mit Sahne)

10 Portionen
Zubereitung: 15 Minuten
150 g Zucker
4 EL Maizena
1 TL Salz
600 ml Milch
3 Eigelbe, verquirlt
1 EL Butter
einige Tropfen Vanille-Aroma
1 fertiger Pie-Boden
(siehe Rezept Seite 41)
1 Banane
Schlagsahne zum Garnieren

Zucker, Maizena und Salz in eine Kasserolle geben und gut verrühren. Die Milch unter Rühren zugießen. Bei mittlerer Hitze unter ständigem Rühren zum Kochen bringen, und etwa eine Minute kochen.
Die Hälfte dieser Mischung unter ständigem Rühren zu den Eiern geben und in die Kasserolle gießen. Wieder zum Kochen bringen und 1 Minute kochen. Vom Herd nehmen.
Butter und Vanille-Aroma zufügen und das Ganze gründlich mischen. Die Mischung sollte dicklich und cremig sein. Die Hälfte der Creme auf den Pie-Boden geben und abkühlen lassen.
Dünne Bananenscheiben auf der Pie verteilen und mit dem Rest der Vanillecreme bedecken.
Mit Schlagsahne garnieren und gekühlt servieren.

GEGENÜBER
*Vanille Eis und Milch bilden die Basis fast aller Milch-Shakes. Für andere Aromen fügt man Schokoladenpulver, Erdbeeren oder Heidelbeeren hinzu – dem Geschmack sind wenig Grenzen gesetzt.*

RECHTS
*Zwei unwiderstehliche Köstlichkeiten: die Creme mit Sahnehäubchen, die man auf eine Pie oder einen Eisbecher gibt, und der* cream cheese *(Frischkäse), der auf Brot oder ein* bagel *gestrichen wird.*

# DIE MILCHSTRASSE

Das Zentrum der amerikanischen Milchwirtschaft liegt an den Großen Seen, in Wisconsin (der indianische Name, *wees-kon-san,* bedeutet in der Chippewa-Sprache »Land der Wasser«). Dank der 15000 kleinen Seen, die um den Michigan-See und den Oberen See verstreut sind, erstreckt sich hier ausgezeichnetes Weideland. In einem Staat, in dem so viel Milch produziert wird, stellt man selbstverständlich auch Butter und Käse her. Die herrlichen schwarz-weißen Holsteiner Kühe tragen zur Fülle und Güte der Produktion bei.
Im 19. Jahrhundert gelangte mit den ersten deutschen und Schweizer Einwanderern das Wissen über die Käseherstellung nach Amerika (etwas später ergänzt durch italienisches Know-how). Zahlreiche kleine, unabhängige Käsereien entstanden. Der größte Teil der Käseproduktion basierte auf europäischen Rezepten, zum Beispiel Cheddar, Camembert oder Gouda. Doch man schuf auch rein amerikanische Käsesorten, wie den *liederkranz,* den *colby* und den *limburger.* Die kleinen handwerklichen Betriebe sind mit der Zeit zu großen Fabriken zusammengewachsen. Zu den Favoriten der Amerikaner zählt der *cottage cheese* – ein aus Dickmilch hergesteller Quark, den man zu Salat, mit Früchten oder pur isst.
Ein weiteres Produkt der Region ist die Eiscreme. Die amerikanische *ice cream,* unvergleichlich cremig und üppig, erfreut sich ebenso großer Beliebtheit wie ihre kulinarischen Verwandten: Milch-Shakes, *sundaes* … Dank kleiner Eiscremehersteller, wie Margie's Candies in Chicago, lebt die handwerkliche Tradition weiter.

# Kalifornien & der Pazifische Nordwesten

## The last frontier – die letzte Grenze

Die Pazifikküste der Vereinigten Staaten gehört zu drei Vierteln zu Kalifornien, im Norden schließen sich Oregon und der an Kanada grenzende Staat Washington an. Diese Staaten teilen ein gemeinsames Erbe: den riesigen Pazifik und ein Festland, so reich wie kaum ein anderes in den USA. Sie profitieren von den Einflüssen der frühen, anfangs vorwiegend spanischen Kolonisation. Auf der anderen Seite des Ozeans liegt der Ferne Osten und so hat auch Asien seinen Beitrag geleistet. Die Staaten der Pazifikküste sind die letzte amerikanische Grenze und symbolisieren den ursprünglichen, tollkühnen Pioniergeist.

OBEN
*In Kalifornien wird seit einiger Zeit auch Olivenöl hergestellt, häufig in kleinen Betrieben. Die Menge und die Qualität steigern sich von Jahr zu Jahr.*

Dieses Erbe und dieser Geist spiegeln sich auch in der Küche wider. Die Leidenschaft für Fisch und allgemein für frische Produkte sowie die multi-ethnischen Einflüsse kennzeichnen die Küche der drei Staaten und schaffen eine Kochkunst, die sich ständig verändert und weiterentwickelt. Kalifornien, Wiege vieler Ideen zu Gesundheit, Körperkult und vegetarischer Ernährung steht an der Spitze der Neuerungen.

In dieser großen Region gibt es selbstverständlich kulinarische Unterschiede: Das Klima und die Geographie sind entlang der Küste sehr verschieden. Selbst innerhalb Kaliforniens unterscheidet sich der Süden (San Diego, Los Angeles, Hollywood) ganz gewaltig vom Norden (San Francisco, Napa Valley). Die vielfältigen Einflüsse führen zu einem komplexen und bunten Stil, den selbst Soziologen nur schwer definieren können. Doch das Ergebnis ist insgesamt herrlich und diese Region nimmt einen bedeutenden Part im Kaleidoskop der amerikanischen Kochkunst ein.

### KALIFORNIEN

»Plötzlich sahen sie das große Tal ... die Weingärten, die Obstgärten, das große, schöne, grüne, flache Tal, die Bäume, die Farmen ... die Getreidefelder ... die Orangen ... eine Mühle glänzte in der Sonne ...« schreibt John Steinbeck 1939 in seinem Buch »Früchte des Zorns« (*Grapes of Wrath*).

Wenn man von Osten, von Arizona oder Nevada aus, nach Kalifornien kommt, überrascht einen die geographische Eigenart dieses Staates. Die felsige und trockene Landschaft wandelt sich jenseits der kalifornischen Grenze in ein riesiges fruchtbares Tal, in dem es grünt und blüht. Dank des idealen Klimas gedeihen hier fast alle Obst- und Gemüsesorten, die jeder kennt. Außerdem produziert man in diesem von der Natur gesegneten Bundesstaat eine Menge alter und neuer, exotischer und gängiger Produkte (darunter Wein), die alle eine sehr hohe Qualität aufweisen.

Wäre Kalifornien ein unabhängiges Land, stünde es wirtschaftlich unter den Staaten der Erde an fünfter Stelle. Seinen Status als bedeutendster Agrarstaat der USA behauptet es schon seit 50 Jahren. Fast ein Drittel seiner Fläche wird landwirtschaftlich genutzt. Als einziger US-Staat exportiert Kalifornien Mandeln, Oliven, Artischocken, Rosinen, Pflaumen, Datteln, Feigen und Pistazien. Die Vorzugsstellung der kalifornischen Landwirtschaft förderte die Entstehung einer regionalen Küche, die sich Anfang des 20. Jahrhunderts allmählich entwickelte und in den 1970er Jahren weltweiten Einfluss gewann. Ein Teil dieser Küche beruht auf der Überfülle an frischen

Erzeugnissen. In Kalifornien gibt es mehr Blattsalat-Arten als anderswo in den USA. Salate als Hauptgericht mit weltberühmten Rezepten wie dem *Caesar's Salad*, dem *Cobb Salad* oder der *Green Goddess Sauce* betrachten die Kalifornier als ihre ureigene Erfindung. Darüber lässt sich streiten, nicht aber über den »Geburtsort« der Küche der Westküste; diese Ehre gebührt unbestritten dem Norden Kaliforniens mit der Metropole San Francisco. Hier findet man nicht nur einen der fruchtbarsten Böden in den USA, sondern auch eine Bevölkerung, die sich um ihre Gesundheit sorgt, die europäischen Küchen kennt und kosmopolitisch denkt.

Die beiden bedeutenden amerikanischen Köchinnen, Julia Child und Alice Waters, wurden in San Francisco geboren und arbeiten dort. Julia Child trägt seit den 1960er und Alice Waters seit den 1970er Jahren wesentlich dazu bei, die Einstellung der Amerikaner zum Kochen und Essen Stück um Stück zu revolutionieren. Die Initialzündung lieferten ihre Europareisen, die beiden die Erkenntnis vermittelten, wie schlecht die Produkte des amerikanischen Bodens genutzt wurden. Sie erkannten, wie negativ sich die Massenproduktion und die Methoden zur Haltbarmachung wie Eindosen, Vakuumverpacken oder Tiefkühlen auf den Geschmack und die Essgewohnheiten ihrer Landsleute auswirkten. Andere Kalifornier schlossen sich den Kochkunst-Pionierinnen an und kämpften für eine bessere Qualität der Lebensmittel und eine gesündere und abwechslungsreichere Kost.

Heute zählen die beiden zu den Kochkunst-Veteranen, aber ihre Erfolge an der Ernährungsfront können sich sehen lassen. Alice Waters, die 1971 ihr beispielgebendes Restaurant »Chez Panisse« in Berkeley eröffnete, steht noch immer an der Spitze dieser Bewegung. Ihre Forderung, »vom

OBEN
*Als John Steinbeck in seinem Buch »Jenseits von Eden« Kalifornien mit dem Paradies gleichsetzte, hat er keineswegs übertrieben. In diesem gesegneten Landstrich wachsen Gemüse und Obst im Überfluss, vor allem Zitrusfrüchte.*

Garten in die Küche«, die vehement für eine Verwendung frischer Bio-Produkte der Saison plädiert, ist so aktuell wie in den ersten Tagen des »Weges zur Frische«. Mit ihren Kochbüchern überzeugt sie ein riesiggroßes Publikum davon, wie köstlich und gesund Obst und Gemüse sind.

In Kalifornien spürt man das Bewusstsein für frische Kost überall in Form von unzähligen biologisch orientierten Farmen, Biomärkten, Weingütern, Olivenhainen,

OBEN
*In diesen Blockhütten kann man sich Austern schmecken lassen und die Schönheit der Landschaft genießen.*
*In den Gewässern leben herrliche Lachse, die am offenen Feuer gebraten werden, wie es einst bei den Indianern Sitte war.*

dazu kleinen Käsereien, Restaurants und Bäckereien (die Kalifornier sind stolz auf ihr Brot, das es inzwischen mit dem französischen Brot aufnehmen kann).

Alle folgen der goldenen Regel von Alice Waters: Frische! Frische! Frische! Wer frische Produkte sagt, meint auch: regionale Produkte. Und das ist ein Geschenk des Himmels für die ganze Region!

### DER PAZIFISCHE NORDWESTEN

Meer, Berge, mächtige Nadelbäume, grünes Land machen den Nordwesten zu einer üppigen Region. Voller Stolz bemühen sich die Bewohner darum, diese kostbare Natur zu erhalten und zu schützen.

Das Wasser, insbesondere das Meer, gewährt der Region den größten Reichtum. Fische und Krustentiere bilden die Grundlage für einen der wichtigsten Wirtschaftszweige der Gegend. Auch die Niederschläge zeigen sich meist von ihrer besten Seite: Der Regen fällt so regelmäßig und genau in der richtigen Menge, dass er den Anbau einer Vielzahl von Obst und Gemüsen bestens fördert.

Wie in anderen Regionen der USA zählt der Einfluss ethnischer Gruppen auf die Küche des Nordwestens zu den vorrangigen Prägefaktoren. Heute entspricht die ethnische Mischung nicht mehr derjenigen des 19. Jahrhunderts, als die Mehrzahl der im Ausland geborenen Bewohner aus Europa stammte. Mitte des 19. Jahrhunderts begann die Einwanderung von Asiaten nach Kalifornien, Oregon und Washington und setzte sich in mehreren Wellen fort. Goldrausch und Eisenbahnbau riefen zahllose Chinesen ins Land.

Anfang des 20. Jahrhunderts kamen die Japaner nach Seattle, allen voran die kleinen Unternehmer und Restaurantbesitzer aus Hawaii. Die Volkszählung in den 1990er Jahren im Staat Washington zeigte einen Anstieg des asiatischen Bevölkerungsanteils um 65 Prozent. Von allen ethnischen Gruppen, die sich in Washington und Oregon niedergelassen haben, übten die Japaner und Chinesen den markantesten Einfluss auf die Küche des Pazifischen Nordwestens aus (derzeit wächst die Gruppe der Vietnamesen rasant). Selbst die pazifische Auster stammt aus Japan.

Im Pazifischen Nordwesten bleibt das Fischen nicht den Profis vorbehalten. Es wird als allgemeiner Sport betrieben, um den sich eine florierende Tourismusbranche rankt. So kann zum Beispiel jeder seinen selbst gefangenen Lachs in eine ortsansässige Konservenfabriken bringen und professionell eingedost mit nach Hause nehmen.

Das Bewusstsein für eine ökologische Lebensweise ist in dieser Region eine echte Alternative, keineswegs nur eine flüchtige Mode. Nirgendwo in den USA mangelt es an Bauernmärkten, diese Region übertrifft aber alle an Anzahl und Qualität.

Ein weiteres Phänomen zeigt, wie stark die ökologisch ausgerichtete Ernährung Fuß gefasst hat: der gemietete Garten in der Stadt, den man selbst bewirtschaftet, vergleichbar mit unseren Schrebergärten.

Auch Oregon liefert mit seinen Tälern, wie Willamette Valley, reichlich landwirtschaftliche Produkte. Wie in Washington gießen intensive Niederschläge auch die Obstgärten von Oregon und bewässern fruchtbares Land, auf dem auch Viehzucht betrieben wird. Das Vieh liefert die Rohstoffe für die berühmte Käseproduktion. Aus den Obstgärten kommt ein Großteil der Äpfel und Birnen, die in den USA verzehrt werden. Heidelbeeren, Rosinen und viele andere Beeren stützen eine besondere kulinarische Leidenschaft: die Schokolade. Dilettante-Ephémère in Seattle, Ghirardelli in San Francisco, zwei legendäre Schokoladenhersteller, umhüllen die Früchte mit Schokolade und exportieren sie in alle Welt.

UNTEN
*Im Pazifischen Nordwesten sind die Berge nicht fern und das Wasser nie weit.*

*In San Francisco und Seattle breiten die Bauernmärkte ihre Reichtümer aus: Honig, Biofleisch* (grass fed beef)*, Gemüse und Salate. Kalifornien ist besonders stolz auf seine Gemüseproduktion: Artischocken, Spargel, Avocados, Kohl, Mangold, Erbsen, Bohnen – getrocknet und frisch – sind die besten Beispiele. Der Staat steht auch bei der Knoblauchproduktion an erster Stelle in den Vereinigten Staaten.*

Dry
y aged
ngo
n-baby
r Ranch

## Caesar's Salad

6 Portionen
Zubereitung: 15 Minuten
Garzeit: 10 Minuten

## Green Goddess
### (Sauce Grüne Göttin)

*Die Green-Goddess-Sauce, eine moderne und leichtere Version (ohne Mayonnaise) einer klassischen Sauce, kann ebenso zu Fisch wie zu rohem Gemüse gereicht werden. Sie wurde 1920 im historischen Palace Hotel in San Francisco erfunden und nach einem erfolgreichen Theaterstück »Die grüne Göttin« benannt.*

1 Schalotte, zerkleinert
1 Knoblauchzehe, zerkleinert
2 EL Weissweinessig
Saft 1/2 Zitrone
1/2 Limette
2 Anchovis, zerdrückt
1 Avocado, geschält, entkernt und zerdrückt
100 ml flüssige Sahne (nach Belieben fettreduziert)
100 ml Olivenöl
4 EL frischer zerkleinerter Estragon
2 EL frischer zerkleinerter Koriander
1 EL frisches zerkleinertes Basilikum
Salz, Pfeffer

Schalotten, Knoblauch, Essig und Zitronensaft in einer Schüssel mischen.
Die Anchovis und Avocado unterrühren. Die Sahne zugießen und und das Ganze gründlich mischen.
Das Olivenöl zugießen, dabei mit einem Holzlöffel rühren, als ob man eine Mayonnaise zubereitet.
Estragon, Koriander und Basilikum unterheben. Mit Salz und Pfeffer abschmecken.

**Gegenüber**
*Caesar's Salad wurde 1924 von Cesar Cardinia (Restaurantbesitzer in Tijuana, Mexiko) komponiert, als er völlig unvorbereitet aus Resten irgendetwas kreieren musste! Viele Hollywoodstars speisten bei ihm, wenn sie die Pferderennen besuchten.*

**Caesar's Salad**

Für die Croûtons:
3 Scheiben altbackenes Brot oder Baguettescheiben, klein gewürfelt
3 EL Olivenöl

2 Knoblauchzehen
1 TL grobes Salz
6 EL Olivenöl
4 Anchovisfilets
1 grosses Eigelb (oder 2 kleine)
1/2 TL Worcestersauce
1 TL Senfpulver
1 EL Zitronensaft
2 Romana-Salate, gewaschen und getrocknet
50 g Parmesan, gerieben
feines Salz, Pfeffer

Für die Croûtons die Brotwürfel im heißen Öl bei mittlerer Hitze etwa 5 Minuten von allen Seiten bräunen. Die Croûtons beiseite stellen.
Für das Dressing mit dem Mixstab oder in einem Mörser den Knoblauch und das grobe Salz zerkleinern, bis eine sämige Paste entsteht. 4 Esslöffel Olivenöl einarbeiten. Die Anchovis zugeben und zerkleinern. Eigelb, Worcestersauce, Senfpulver, Zitronensaft und das restliche Öl untermischen. Das Ganze mit einem Schneebesen schlagen, bis eine glatte Sauce entsteht.
Die Salatblätter in eine Schüssel oder auf sechs Teller geben (die größten Blätter der Länge nach teilen). Mit Parmesan bestreuen, salzen und pfeffern. Die Sauce darüber gießen und den Salat sofort mit den Croûtons servieren.

## Gazpacho

6 Portionen
Zubereitung: 10 Minuten

2 kg Tomaten, geschält und entkernt
1 grüne Paprikaschote
1 Gurke
4 Knoblauchzehen
1 Zwiebel, geviertelt
Saft 1 Zitrone
3 EL Olivenöl
Salz, Pfeffer

Tomaten, Paprika und Gurke grob zerkleinern und in den Mixer geben. Knoblauch, Zwiebeln, Zitronensaft und Öl hinzufügen und alles zu einer glatten Suppe pürieren.
Mit Salz und Pfeffer abschmecken und bis zum Servieren in den Kühlschrank stellen. Kalt servieren.

Sie können etwas grüne Paprika, Zwiebel und Gurke vor dem Mixen beiseite stellen und in kleinen Schüsseln auf den Tisch stellen, Ihre Gäste bestreuen dann die Suppe nach Belieben. Reichen Sie Maisbrot oder ein kräftiges Landbrot zu der Suppe. Der Gazpacho hält sich im Kühlschrank mehrere Tage.

LINKS
*Auf den kalifornischen Märkten wird das Gemüse so appetitlich präsentiert, dass es jeden zum Kauf verlockt.*

GEGENÜBER
*Gazpacho, aus Spanien stammend, wird in einem Glas oder einfach in einem Suppenteller serviert. Am besten schmeckt diese Suppe, wenn man vollreife Tomaten verwendet.*

## Oysters bleu
### (Austern mit Blauschimmelkäse)

4 Portionen
Zubereitung: 30 Minuten
Garzeit: 20 Minuten

300 g Spaghetti oder Reis
8 Scheiben Frühstücksspeck, in Würfel geschnitten
24 Austern ohne Schale
4 Knoblauchzehen, fein gehackt
1/4 l trockener Weisswein
100 g Blauschimmelkäse (Roquefort oder Gorgonzola )
100 ml Crème fraîche
500 g frischer Spinat, in feine Streifen geschnitten
1 weisse Zwiebel, in Julienne-Streifen geschnitten

Die Nudeln (oder Reis) nach Anweisung auf der Verpackung in reichlich Wasser garen, bis sie weich, aber noch bissfest sind. Den Frühstücksspeck in einer großen Pfanne 2 Minuten rösten. Die Austern und den Knoblauch zugeben und nur bei schwacher Hitze garen, damit die Austern nicht beschädigt werden.
Wenn die Austern fest sind und der Speck beginnt, knusprig zu werden, den Wein zugießen und das Ganze weitere 5 Minuten köcheln lassen. Der Wein soll um etwa die Hälfte einkochen. 70 Gramm Käse und die Crème fraîche einrühren. Alles gründlich mischen. Vom Herd nehmen, wenn die Sauce eindickt. Den Spinat zugeben und rühren, bis er zusammenfällt.
Die Nudeln auf Tellern anrichten, die Sauce darüber geben und mit dem restlichen zerkrümelten Käse und den Zwiebelstreifen bestreuen. Sofort servieren.

Dieses Rezept stammt aus dem Silverwater Café, Port Townsend, Washington, USA.

## Cioppino

*Die Bezeichnung* cioppino *kommt vermutlich vom Ausdruck* »c'è un po'«: »*es gibt wenig*«. *Das Rezept für diese Fischsuppe stammt von italienischen Einwanderern.*

8 Portionen
Zubereitung: 30 Minuten
Garzeit: 2 Stunden 30 Minuten

3 EL Olivenöl
1 grosse Zwiebel, gewürfelt
1 grüne Paprika, gewürfelt
2 Stangen Staudensellerie, gewürfelt
1 Möhre, geraspelt
3 Knoblauchzehen, zerdrückt
1 kg Tomaten, geschält und zerkleinert
140 g Tomatenmark
1 TL zerkleinertes Basilikum
1 Lorbeerblatt
1 TL frischer zerkleinerter Koriander
2 TL Salz
1 TL Pfeffer
3/8 l Weisswein
500 g Kabeljau, Seehecht oder Heilbutt, in 3 cm grosse Stück geschnitten
250 g Jakobsmuschelfleisch oder Seeteufel
250 g grosse rohe Garnelen, geschält
12 Mies- oder 12 Venusmuscheln, gesäubert
frische zerkleinerte Petersilie

Öl in einem gusseisernen Topf erhitzen. Zwiebeln, Paprika, Sellerie, Möhren und den Knoblauch hinzufügen und anbraten. Tomaten, Tomatenmark, Basilikum, Lorbeerblatt, Koriander, Salz, Pfeffer und Wein zugeben und zum Kochen bringen. Die Hitze verringern und das Ganze 2 Stunden köcheln lassen. Am Ende der Kochzeit das Lorbeerblatt entfernen.
Fisch, Jakobsmuscheln und Garnelen in den Topf geben und alles bei schwacher Hitze 10 Minuten köcheln lassen. Die Miesmuscheln zugeben und das Ganze weitere 10 Minuten köcheln lassen, bis sich die Muschelschalen geöffnet haben.
Die Suppe in tiefe Teller geben und mit Petersilie bestreuen.

## Braised Salmon with Red Currants
(Geschmorter Lachs mit Roter-Johannisbeer-Sauce)

4 Portionen
Zubereitung: 15 Minuten
Garzeit: 20 Minuten

Für die Vinaigrette:
40 ml Balsamico-Essig
1/8 l Olivenöl
40 ml Wasser
1 1/2 EL Senfpulver
1 TL zerdrückter Knoblauch
2 TL getrocknetes Basilikum
1 TL Pfeffer
1 TL Salz

2 EL Sonnenblumenöl
4 Lachsfilets (je 200 g)
3/8 l trockener Weisswein
80 ml Balsamico-Essig
200 g rote Johannisbeeren oder Brombeeren
2 EL weiche Butter

Bis auf das Öl alle Zutaten für die Vinaigrette in den Mixer geben und mischen. Das Öl in dünnem Strahl zugießen und langsam unterrühren. Die Vinaigrette beiseite stellen.
Öl in einer Pfanne erhitzen und den Fisch mit der Hautseite darin 4 Minuten braten. Den Fisch wenden. Wein und Essig zugießen, einen Deckel auflegen und den Fisch schmoren, bis er gar und die Flüssigkeit verdampft ist.
Die Johannisbeeren im Mixer zu einer glatten Sauce verrühren, dann bei schwacher Hitze einige Minuten erhitzen. Die Sauce vom Herd nehmen und die Butter unterrühren.
Den Fisch auf einer Platte anrichten und etwas Sauce darüber geben. Die restliche Sauce in einer Sauciere reichen.

*Der Lachs legt während seines Lebens einen sehr langen Weg zurück, von der Pazifikküste in Alaska bis zu den Flüssen von British Columbia, wo er sich fortpflanzt. Doch häufig endet sein Weg auch auf den Ständen von Pike's Market in Seattle.*

# KAFFEE – EINE LEIDENSCHAFT

Bis vor einigen Jahren hatte der amerikanische Kaffee einen ziemlich schlechten Ruf. Inzwischen kann man jedoch in den USA einen ausgezeichneten Kaffee trinken und unter vielerlei Mischungen und Zubereitungsarten wählen. Nicht zuletzt dank der Filialen von Starbucks. Das Unternehmen wurde 1971 am Pike's Market in Seattle als Rösterei gegründet. Zwölf Jahre später probierte der Marketingleiter H. Schultz aus, ob Espressomaschinen und italienischer Kaffee auch in Seattle Liebhaber finden würden. Das Experiment gelang: Seit 1985 wird in jedem Starbucks-Shop auch Kaffee ausgeschenkt. Allein in Seattle gibt es etwa 50 Röstereien. Einige sind auf den Großhandelsverkauf an Restaurants und Cafés spezialisiert. Caffè Vitta berät beispielsweise die Küchenchefs der besten Restaurants, welcher Kaffee-Typ den besten Abschluss für ihre Menüs bildet. Der *barista* ist für die Mischung, die Zubereitung und das Aromatisieren der Kaffees zuständig: *caffelatte* (Espresso und aufgeschäumte Milch), Café *moca* (mit Schokolade und Schlagsahne), Kaffee mit variantenreichen Aromen und verschiedenen Alkoholsorten wie zum Beispiel Mandellikör, Café frappé …

Die Kaffeekultur gehört in Seattle zum Lifestyle. Jeder Kaffee-Laden, jede *Coffee-shop*-Kette weist in Bezug auf Charakter, Ambiente, Viertel und Kundenkreis individuelle Züge auf. Die Kunden fühlen sich wie zu Hause, huldigen ihren Gewohnheiten und der Geselligkeit, die zum Service gehört. Manche Röstereien achten nicht nur besonders sorgfältig auf die Qualität des Produkts, sondern auch auf ökologischen Anbau und *fair trade*, der auch den kleinen Bauern faire Preise sichert. Für die großen Ketten bleibt Kaffee allerdings das Synonym für *big business*!

GEGENÜBER
*Das Bestellen und der Genuss eines Kaffees ist ein Ritual, bei dem man es nicht eilig haben darf. Für die Zubereitung der gewünschten Mischung lässt sich der* barista *viel Zeit.*

*In Seattle sind die Röstereien meist schön gestaltet. Ihr Duft dringt bis in die Räume, wo man seinen Kaffee genießt.*

*Für Kaffeebohnen aus ökologischem Anbau erhalten die Bauern in der Dritten Welt häufig einen fairen Preis.*

*Der Kaffee, den man hier serviert, ist mit einer Blume im Schaum verziert, ein hübscher Blickfang!*

*Die Namen der Cafés erweisen Italien die Ehre. Die Originalität und die sorgfältige Gestaltung der Schilder lockt Kunden an.*

www.caffevita.com

OBEN
*Die majestätische Golden Gate Bridge verbindet San Francisco und Nordkalifornien mit dem Rest des Staates. Der kühne Bau wurde 1933 begonnen und viereinhalb Jahre später abgeschlossen.*

## Tuna and Sesame
(Thunfisch in Sesam-Panade)

6 Portionen
Zubereitung: 1 Stunden 15 Minuten
Marinade: 1 Stunde
Garzeit: 15 Minuten

- 6 EL Balsamico-Essig
- 4 EL Wasser
- 4 Lauchzwiebeln (mit dem Grün), fein zerkleinert
- 4 EL frischer zerkleinerter Ingwer
- 800 g Thunfisch in dicken Scheiben
- Salz, Pfeffer
- 6 EL Sesamsamen
- 1 EL Pflanzenöl

Für die Marinade Essig, Wasser, Lauchzwiebeln und Ingwer mischen. Den Fisch darin mindestens 1 Stunde marinieren. Den Fisch aus der Marinade nehmen, die Flüssigkeit aufbewahren. Den Fisch großzügig mit Salz und Pfeffer würzen. Die Fischstücke von beiden Seiten in den Sesamsamen wenden, so darauf drücken, dass die Samen hängen bleiben. Wenn nötig, noch Sesam zugeben, sodass eine gleichmäßige Kruste entsteht.
Öl in einer beschichteten Pfanne erhitzen und den Fisch von beiden Seiten braten. Die Samen bräunen rasch und der Fisch wird nicht vollkommen gar. Wer den Fisch lieber »durch« mag, sollte ihn nach dem Braten in Sesamsamen wenden.
Den Fisch warm halten. Die Marinade in der Pfanne erhitzen und kurz vor dem Servieren über den Fisch träufeln.

## Fresh Salmon and Mushroom Stew
(Lachs-Pilz-Eintopf)

4 Portionen
Zubereitung: 10 Minuten
Garzeit: 20 Minuten

- 5 EL Olivenöl
- 3 Schalotten, klein gewürfelt
- 200 g Shiitake-Pilze, geputzt und geviertelt
- 3 EL frischer zerkleinerter Koriander
- 75 ml Rotwein
- 75 ml Portwein
- 2 Lorbeerblätter
- Salz, Pfeffer
- 1 kandierte Zitrone, in geviertelten Scheiben
- 8 fest kochende Kartoffeln, gegart und der Länge nach halbiert
- 4 Lachsfilets (am besten Wildlachs)

Öl in einer Kasserolle erhitzen (sie soll so groß sein, dass man die Fischfilets und die Kartoffeln nebeneinander legen kann). Schalotten zugeben und bei geringer Hitze 2 Minuten garen. Pilze und Koriander hinzufügen und 10 Minuten garen. Rotwein, Portwein, Lorbeerblätter, Salz und Pfeffer zugeben und zum Kochen bringen. Die Hitze verringern und das Ganze noch 5 Minuten garen.
Die kandierte Zitrone, die Kartoffeln und den Lachs in die Kasserolle geben und 5 Minuten pochieren.
Den Lachs und die Kartoffeln auf Tellern anrichten. Die Pilze darüber geben und mit dem Sud aus der Kasserolle beträufeln.

LOVE
4
LIFE
CYNTHIA
GREENE
We
Remember
FOREVER IN
OUR HEART 2001
AIDS
MARY
CLAY

GEGENÜBER
*Als gelungene Mischung regionaler Erzeugnisse und exotischer Zutaten sind die Miesmuscheln mit Kokosmilch und Curry ein gutes Beispiel für* fusion food.
*Die Wandmalereien im Mission District in San Francisco dokumentieren die bedrückenden Sorgen der Menschen.*

## Curried mussels
### (Miesmuscheln mit Kokosmilch und Curry)

6 Portionen
Zubereitung: 20 Minuten
Garzeit: 30 Minuten

2 EL Pflanzenöl
1 grosse Zwiebel, gehackt
1 Knoblauchzehe, gehackt
1 Stange Staudensellerie, gehackt
1 TL frischer zerkleinerter Ingwer
1 TL Currypulver
1 TL Kurkuma
1/2 l Kokosmilch
2 EL frischer zerkleinerter Koriander
1/4 l Fischfond
Saft 1 Limette
Schale 1 unbehandelten Limette, abgerieben
1 kg Miesmuscheln

Das Öl in einem großen Topf erhitzen. Zwiebeln, Knoblauch, Sellerie und Ingwer hineingeben und mit Currypulver und Kurkuma bestäuben. Bei geringer Hitze etwa 15 Minuten garen, bis die Zutaten weich sind. Die Kokosmilch zugießen, zum Kochen bringen und 15 Minuten köcheln lassen.
Koriander, Fischfond, Saft und Schale der Limette und die Muscheln hinzufügen. Einen Deckel auflegen und das Ganze etwa 5 Minuten kochen lassen, bis die Muscheln sich öffnen.
Das Gericht in einer großen Schüssel sehr heiß servieren.

## Potatoes Gilroy
### (Kartoffeln Gilroy)

6 Portionen
Zubereitung: 5 Minuten
Garzeit: 45 Minuten

1/8 l Olivenöl
12 neue Kartoffeln, geschält und längs halbiert
2 ganze Knoblauchknollen, die Zehen abgelöst, aber nicht geschält
6 bis 8 kleine Lorbeerblätter
2 bis 3 TL Thymian oder Rosmarin
Salz, Pfeffer

Den Backofen auf 180 °C (Gas Stufe 2) vorheizen und eine feuerfeste Auflaufform mit etwas Öl fetten.
Das restliche Öl in eine Schüssel geben und die Kartoffeln darin wenden. Kartoffeln und Knoblauchzehen in die Form schichten. Die Lorbeerblätter darüber verteilen und das Ganze mit Thymian oder Rosmarin bestreuen. Nach Belieben salzen und pfeffern und mit dem Öl aus der Schüssel beträufeln. Im vorgeheizten Backofen 50 Minuten garen.

In Kalifornien gibt es Orte, die sich auf die Produktion eines einzigen Nahrungsmittels spezialisiert haben (beispielsweise Artischocken, Kopfsalat oder Pfirsiche). Gilroy, eine kleine Stadt südlich von San Francisco, ist bekannt als »Metropole des Knoblauchs«. Das jährliche dem Knoblauch gewidmete Festival ist im Sommer eine große Attraktion.

## Macaroni and Cheese
### (Überbackene Makkaroni)

OBEN
Sourdough bread – *Sauerteigbrot – ist eine Spezialität, für die San Francisco, die Stadt an der Bay, bekannt ist. In weiten Teilen der USA dominieren Mais- und Weizenbrote.*

6 BIS 8 PORTIONEN
ZUBEREITUNG: 20 MINUTEN
RUHEZEIT: 3 STUNDEN
GARZEIT: 20 MINUTEN

2 EL BUTTER
3 EL MEHL
1 L MILCH
500 G PENNE ODER FARFALLE
400 G CHEDDAR, GERIEBEN
60 G PARMESAN, GERIEBEN
1 TL GROBES SALZ
1 TL WEISSER PFEFFER
1 TL MUSKATNUSS, GERIEBEN
FRISCHE PETERSILIE, ZERKLEINERT

Für die Sauce Butter in einer großen Kasserolle zerlassen. Das Mehl zugeben und bei geringer Hitze unter stetem Rühren etwa 3 Minuten bräunen. Unter ständigem Rühren die Milch zugeben und zum Kochen bringen. Die Hitze verringern und die Sauce unter stetem Rühren 5 Minuten köcheln lassen. Warm stellen.
Die Nudeln in reichlich Salzwasser nach den Angaben auf der Packung *al dente* kochen. Abgießen.
Den Backofen auf 180 °C (Gas Stufe 2) vorheizen.
Cheddar und 2/3 des Parmesan, Salz, Pfeffer und Muskatnuss in die Sauce rühren. Die Nudeln zugeben und das Ganze gründlich mischen. Die Mischung in eine feuerfeste Auflaufform geben und mindestens 3 Stunden in den Kühlschrank stellen.
Die Nudelmischung mit dem restlichen Parmesan und der Petersilie bestreuen und im vorgeheizten Backofen 20 Minuten überbacken (oder 5 Minuten in der Mikrowelle wärmen).

Bei diesem oft variierten Rezept (die hier beschriebene Version stammt von Fox & Obel Food Market in Chicago, Illinois) kann man den Cheddar auch durch eine Käsemischung ersetzen.

## SAGEN SIE »CHEESE«!

In Kalifornien – und in den ganzen Vereinigten Staaten – bevorzugen Küchenchefs und Hobbyköche immer mehr die traditionellen Käsesorten, die dadurch eine wahre Renaissance erleben. Das wieder erwachte Interesse an den alten Sorten steht in engem Zusammenhang mit der gegenwärtigen Tendenz zu biologischen Produkten, zu vegetarischer Ernährung, zum Anbau neuer und alter Gemüsesorten und dem Hang zur ländlichen Küche. Kurz gesagt: Es geht dabei um *fusion food* – um die Küche, die Wert auf die Qualität der Zutaten legt!
Ergänzt wird das traditionelle Käsesortiment um französische, englische und andere Käsesorten, die viele Amerikaner auf ihren Reisen und während Auslandsaufenthalten kennen und schätzen gelernt haben.
Der Käse, der in Kalifornien in kleinen Betrieben hergestellt wird, ist von hoher Qualität, aber nur in geringer Menge verfügbar. Die Bezeichnung traditioneller oder Bauernkäse *(farmstead)* deutet an, dass er dort hergestellt wird, wo die Milch produziert wird. Die Milch muss nicht, wie in Europa, pasteurisiert werden, doch das Gesetz schreibt vor, dass Rohmilchkäse vor dem Verkauf sechzig Tage reifen muss. Einige Käseproduzenten meinen, dass man auch aus pasteurisierter Milch einen guten Käse machen kann, andere widerstehen dieser Standardisierung. Einer der Bio-Käsehersteller verwendet nur die Milch von ausgewählten Kühen, und zwar nur die am Morgen gemolkene, weil die Kühe zu diesem Zeitpunkt weniger gestresst sind!
Bis 1979 gab es in den USA keinen Ziegenkäse. Heute läuft die Produktion auf vollen Touren und Kalifornien liegt mit dem größten Bestand an Ziegen an der Spitze, gefolgt von Oregon und Wisconsin.
Käse aus kleinen Käsereien findet man heute überall, doch vor allem im Pazifischen Nordwesten (Cheddar aus Tillamook in Oregon, *Cougar Gold* aus Washington). Die Käse werden direkt vor Ort verkauft, außerdem in Spezialgeschäften in den Großstädten und über das Internet.

## WEIN– UND LEBEN

GEGENÜBER
*Der Frühling zieht ins Land und die jungen Reben sprießen an den Hängen des Napa Valley in Kalifornien.*

In Frankreich und Italien bestimmt man die Weine durch ihre Ursprungsgebiete: Châteauneuf-du-Pape, Chianti, Champagne. Bei amerikanischen Weinen wird für Weinliebhaber auch die Rebsorte genannt, bei den Rotweinen sind es zum Beispiel Cabernet-Sauvignon (am beliebtesten), Zinfandel, Merlot, Syrah/Shiraz, bei den Weißweinen ragen Chardonnay und French Colombard heraus. Kalifornien hat für seine Weine eine methodische Kennzeichnung der Rebsorten eingeführt.
Der amerikanische Wein verdankt seine Weltgeltung den edlen Tropfen aus Kalifornien – vor allem aus dem Napa Valley und dem Sonoma Valley, aber auch aus der Gegend bei Mendocino, weiter im Norden. Die kalifornischen Weingärten liefern 70 Prozent des in den USA getrunkenen und 96 Prozent des exportierten Weins. Die meisten der 887 kommerziellen Weingüter sind noch im Besitz der Gründerfamilien, die auch im gesellschaftlichen Leben ihrer Gemeinden sehr aktiv sind.
Man findet Weingärten und Weingüter an der ganzen Pazifikküste. Eine neue Region in Kalifornien, San Luis Obispo, südlich von San Francisco, stellt heute einen Wein her, der den Erzeugnissen des Napa Valley Konkurrenz macht. In den Staaten Oregon und Washington breiten sich die Weinberge immer weiter aus. Diese großen Flächen sind nicht ganz sicher vor den Angriffen der Reblaus (*Phylloxera*), die in den 1980er Jahren die Weinstöcke im Napa Valley befiel. Trotz allem liegen heute die meisten Weingüter im Napa und im Sonoma Valley. Diese zwei Täler sind besonders schön, üppig und perfekt für den Weinbau geeignet. Wie in Frankreich leben in dieser Region Industrie, Handel, Tourismus und Küche in bester Harmonie mit der Weinproduktion.

*Die Chardonnays aus dem Napa Valley und aus dem Sonoma Valley sind ein echter Verkaufsschlager.*

*Die Weinlandschaften Kaliforniens vereinen unterschiedliche Vegetation: Weinreben und Kakteen wachsen unmittelbar nebeneinander.*

*Ein Glas Weißwein blinkt vor dem Hintergrund der Weingärten in der Sommersonne.*

*Wein und Käse sind immer eine hervorragende Kombination, in einem Gebiet, das auch so reichen Obstbau hat wie Kalifornien, gesellt sich oft auch eine Frucht dazu.*

## Braised Veal with Polenta and Root Vegetables

### (Geschmorte Tournedos mit Polenta und Wurzelgemüse)

10 Portionen
Zubereitung: 2 Stunden
Ruhezeit: 12 Stunden
Garzeit: 4 Stunden

2,5 kg Kalbsbrust mit Knochen
Öl
Salz, Pfeffer
150 g Möhren, in Scheiben
200 g Lauch, in Scheiben geschnitten
100 g Zwiebeln, gewürfelt
1/2 Knoblauchknolle, die Zehen abgelöst, aber nicht geschält
1 Lorbeerblatt
Thymian
1 1/2 l Hühnerbrühe

Für die Polenta:
3/4 l Brühe
3/4 l Wasser
1 Knoblauchzehe, in dünnen Scheiben
300 g Polentagriess
120 g weiche Butter
2 EL Quark
2 EL zerkleinerter Schnittlauch
Salz, Pfeffer

Für das Gemüse:
1 EL Öl
750 g Möhren, in schmale Streifen geschnitten
750 g Knollensellerie, in schmale Streifen geschnitten
750 g Steckrüben, in Stücken
2 EL Senf
750 g Rote Bete, gekocht und gewürfelt
3 TL weiche Butter
2 EL zerkleinerter Schnittlauch
2 EL zerkleinerte Petersilie

GEGENÜBER
*Dieses Tournedos ist ein wahres Bauwerk! Ein Gericht, das nicht nur herrlich aussieht, sondern auch köstlich schmeckt.*

Am Vortag: Den Backofen auf 180 °C (Gas Stufe 2) vorheizen. Die Kalbsbrust mit Salz und Pfeffer einreiben und in einer Kasserolle in reichlich Öl anbraten, bis sie goldbraun ist. Das Fleisch herausnehmen und beiseite stellen.
Das Fett weitgehend aus der Kasserolle entfernen. Möhren, Lauch, Zwiebeln, Knoblauch, Senf, Lorbeerblatt und Thymian in dem verbliebenen Fett 3 bis 4 Minuten anbraten. Brühe und Fleisch zugeben und kurz zum Kochen bringen. In den Backofen stellen und – zugedeckt – 3 1/2 Stunden garen.
Das gare Fleisch aus der Kasserolle nehmen, abkühlen lassen und Knochen und Knorpel entfernen. Damit das Fleisch flach wird, sollte man es zwischen zwei große Teller legen, ein Gewicht obenauf setzen und über Nacht in den Kühlschrank stellen.
Den Schmorsud abseihen (ergibt etwa 1 Liter) und ebenfalls in den Kühlschrank stellen.
Am nächsten Tag: den Schmorsud entfetten und abseihen.
Für die Polenta die abgeseihte Brühe, das Wasser und Knoblauch in einem großen Topf zum Kochen bringen. Polentagrieß zugeben und unter ständigem Rühren wieder zum Kochen bringen und 20 bis 25 Minuten unter gelegentlichem Rühren kochen, bis er gar ist. Bei Bedarf etwas Wasser zugießen. Butter, Quark, Schnittlauch, Salz und Pfeffer hinzufügen und alles gründlich mischen. Die Polenta auf eine rechteckige Platte geben, glatt streichen und in den Kühlschrank stellen.
Für das Gemüse Öl in einer Pfanne erhitzen und Möhren, Sellerie und Steckrüben darin garen, bis sie weich, aber noch bissfest sind. Mit einem Glas acht runde Küchlein aus der Polenta ausstechen. Acht ebenso große Tournedos aus dem Fleisch schneiden und mit Senf bestreichen. Beiseite stellen.
1 Teelöffel Butter in einer Pfanne erhitzen und darin die Polentaküchlein und die Tournedos auf jeder Seite 2 bis 3 Minuten leicht knusprig braten. Rote Bete, restliche Butter und Schnittlauch zum Gemüse geben und den Sud zu einer dicklichen Sauce einkochen lassen.
Zum Servieren jeweils ein Polentaküchlein, ein Tournedos und einen Löffel Gemüse stapeln. Etwas Sauce zugeben. Mit Petersilie garnieren. Restliches Gemüse und Sauce separat dazu reichen.

## Raw Beet Salad
### (Salat aus rohen Roten Beten)

6 Portionen
Zubereitung: 10 Minuten

Für das Dressing:
Saft von 1/2 Orange
2 TL Apfelessig oder Weinessig
2 EL Senf
1 EL Honig
2 EL Olivenöl
Salz, Pfeffer

3 mittelgrosse rohe Rote-Bete-Knollen, gewaschen und geschält
2 hart gekochte Eier, fein gehackt
1 kleine Zwiebel, fein zerkleinert
3 EL zerkleinerte Petersilie

Für das Dressing Orangensaft, Essig und Senf in einer Schüssel mischen. Den Honig einrühren. Das Öl zugeben und alles gründlich verrühren. Mit Salz und Pfeffer abschmecken.
Die Rote-Bete-Knollen mit einem Eierschneider in Scheiben schneiden.
Das Dressing 2 Stunden vor dem Servieren über die Bete geben und das Ganze in den Kühlschrank stellen.
Kurz vor dem Servieren den Salat mit den Eiern, den Zwiebeln und der Petersilie bestreuen.
Der Salat schmeckt köstlich zu einem Ziegenkäse.

Je nach Größe der Rote-Bete-Knollen muss die Menge an Dressing vergrößert – mitunter sogar verdoppelt – werden, da dieses Gemüse sehr »durstig« ist und viel Flüssigkeit aufnimmt.

GEGENÜBER
*In Kalifornien zieren Palmen die Straßen und im Hintergrund lockt der Pazifik. Der 1937 kreierte* Cobb Salad *verdankt seinen Namen Bob Cobb, dem Besitzer des Restaurants »Brown Derby« in Hollywood.*

## Cobb Salad

4 Portionen
Zubereitung: 15 Minuten

6 dünne Scheiben Bacon
3 Hähnchenbrüste
100 g Senfkohl
1 kleiner Kopfsalat
1 kleiner Radicchio
1 Tomate, grob zerkleinert
1 Avocado, geschält, in dünne Scheiben geschnitten
80 g Roquefort oder Feta, zerkrümelt
2 hart gekochte Eier, geviertelt
1/2 rote Zwiebel, in hauchdünne Ringe geschnitten
150 g Mais aus der Dose
fertige Vinaigrette
3 EL zerkleinerte Petersilie
3 EL frischer zerkleinerter Koriander

Den Bacon bei mittlerer Hitze in einer Pfanne etwa 7 Minuten knusprig braten. Herausnehmen und auf Küchenpapier abtropfen lassen.
Die Hähnchenbrüste flach drücken und in der gleichen Pfanne 10 bis 15 Minuten braten, bis sie gar sind. Herausnehmen und abkühlen lassen.
Senfkohl, Kopfsalat und Radicchio in mundgerechte Stücke zerpflücken und in einer großen Salatschüssel mischen.
Das Hühnerfleisch in 2 Zentimeter große Würfel schneiden. Den Bacon ganz grob zerkleinern.
Hühnerfleisch, Bacon, Tomaten, Avocado, Roquefort, Eier, Zwiebeln und Mais auf den Blattsalat geben. Die Vinaigrette darüber gießen und alles mit Petersilie und Koriander bestreuen.

SAY HEY
COME OUT AND PLAY
F MARKET
FERRIES
1059

GEODUCK

*Diese riesigen Muscheln sind Klaffmuscheln; ihr üppiges Fleisch wird heute häufig für* chowders *und für Sushi verwendet.*

LACHSE

*Die Gewässer des Pazifischen Nordwestens und Alaskas sind reich an Lachsen, die eine herausragende Qualität aufweisen.*

EISMEERKRABBE
(SNOW CRAB)

*Im Gegensatz zu anderen Krabben (wie den Königskrabben), bei denen das Fleisch vor allem in den Scheren sitzt, hat diese Krabbe das beste Fleisch unter ihrem Panzer.*

PAZIFISCHER
TASCHENKREBS

*Der Name* Dungeness crab *bezieht sich auf ein kleines Fischerdorf im Bundesstaat Washington. Die besten Fänge werden im Dezember und im Januar erzielt.*

AUSTERN
KUMOMOTO

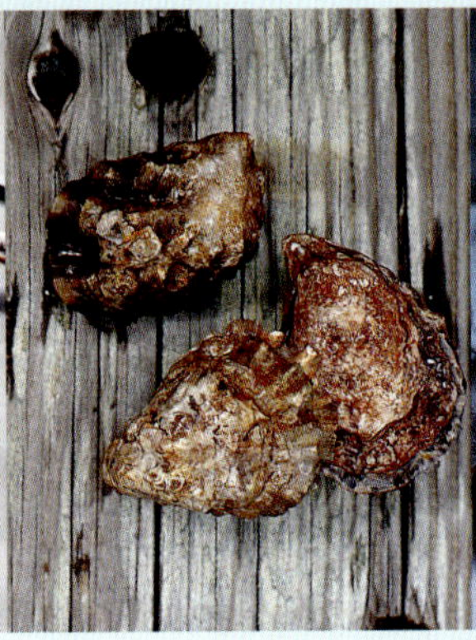

*Diese kleinen Austern führt man aus Japan in die kalifornische Humboldt Bay ein. Dort vollenden sie in den Sommermonaten ihre Reifung.*

GARNELEN

*Der Pazifische Ozean liefert diese Leckerbissen, die den Amerikanern so gut schmecken, in Hülle und Fülle.*

FORELLEN

*Die klaren Flüsse des Pazifischen Nordwestens garantieren für die hervorragende Qualität der Forellen. Dennoch werden meist Zuchtforellen verspeist.*

MANILLA-MUSCHELN (MANILLA CLAMS)

*Diese Muscheln sind in den USA 1924 zum ersten Mal entdeckt worden; sie sind japanischen Ursprungs und wahrscheinlich durch Austernlieferungen in die USA gelangt.*

ROTER SCHNÄPPER (RED SNAPPER)

*Dieser rot-goldene Fisch lebt in den Tiefen des Meers. Er ähnelt dem mediterranen Drachenkopf.*

PAZIFISCHE AUSTERN (PACIFIC OYSTERS)

*Diese männlichen Austern, die aus Japan stammen, werden nach einem Jahr zu Weibchen. Man findet sie vom südlichen Alaska bis zum südlichen Kalifornien.*

HUMMER

*Die Hummer des Pazifiks sind wie jene des Atlantiks die Könige des Meeres. Wenn sie gefangen werden, sind sie schwarz. Erst beim Kochen werden sie rot.*

## LACHS, KRABBE UND AUSTER: DAS PAZIFISCHE TRIO

Der Lachsfang ist für die Bewohner des Pazifischen Nordwestens von großer Bedeutung. Fünf Wildlachs-Unterarten – *sockeye* (Blaurückenlachs), *chinook* (Königslachs), *chum* (Keta- oder Hundslachs), *coho* ( Silberlachs) und *humpback* (Buckellachs) – werden gefangen. Doch der intensive Fang gefährdet ernsthaft den Bestand der Art. Obwohl dem Wildlachs ein besserer Geschmack nachgesagt wird, ist der Zuchtlachs eine starke Konkurrenz für ihn. Die Stände auf den Märkten quellen über von diesen köstlichen Fischen, die manchmal weißes Fleisch besitzen, ohne dass man weiß weshalb.

Dank der hochmodernen Technik wird der Lachs weniger als eine Stunde nach dem Fang bei minus 40 °C eingefroren. Dennoch gibt es noch immer heiße Debatten zur Frage: Ist es besser einen Fisch zu verwenden, der am Ort des Fangs sofort tiefgefroren wurde, oder einen frischen Fisch, den man eine Woche später kauft? Über den *Dungeness crab* (Pazifischen oder Kalifornischen Taschenkrebs) gibt es keine Diskussion. Er ist größer als die anderen Krebse und gilt als bester von allen. Auch über Austern und Muscheln sind sich alle einig.

Das eigenartigste Krustentier ist die *geoduck*, eine Klaffmuschel, deren englischer Name aus dem Indianischen stammt und »tief ausgehöhlt« bedeutet. Es handelt sich um die größte Muschelart der Welt, die 140 Jahre alt werden und bis zu 20 Pfund wiegen kann. Die Olympia-Auster ist zwar sehr klein, aber ihr Ruf bei Feinschmeckern ist sehr groß.

## Pepper and Fennel Casserole
(Pfefferschoten-Fenchel-Auflauf)

*Der Ölbaum stammt nicht aus Kalifornien, doch Klima und Boden sind ihm sehr zuträglich und so ist die Qualität des Öls sehr gut.*

6 bis 8 Portionen
Zubereitung: 30 Minuten
Garzeit: 1 Stunde

4 EL Olivenöl
4 EL weiche Butter
3 mittelgrosse Zwiebeln, in Ringen
3 Knoblauchzehen, zerdrückt
1 TL Salz
1/2 TL Pfeffer
4 1/2 TL Kümmelpulver
4 1/2 TL Senfpulver
2 grosse Fenchelknollen, in Scheiben
2 grosse grüne Pfefferschoten, in feine Streifen geschnitten
2 grosse rote Pfefferschoten, in feine Streifen geschnitten
4 Eier
300 g Quark

Den Backofen auf 200 °C (Gas Stufe 3) vorheizen und eine hohe Auflaufform fetten.

Die Hälfte des Öls und der Butter in einem großen Topf erhitzen. Zwiebeln, Knoblauch, Salz, Pfeffer, Kümmelpulver und Senfpulver zugeben und unter Rühren braten, bis die Zwiebeln glasig sind. In eine Schüssel geben und beiseite stellen.

Das restliche Öl und die restliche Butter im gleichen Topf erhitzen und den Fenchel hinzufügen. Einen Deckel auflegen und das Gemüse 10 Minuten garen. Die Pfefferschoten zugeben, wieder zudecken und weitere 10 Minuten garen, bis das ganze Gemüse weich ist.

In einer Schüssel Eier und Quark mischen. Das Gemüse in die Auflaufform füllen und die Ei-Quark-Mischung darüber gießen. Die Form mit einem Stück Alu-Folie abdecken und den Auflauf 30 bis 40 Minuten garen. Die Alu-Folie abnehmen und weitere 15 Minuten garen.

Der Auflauf kann heiß, kalt oder lauwarm verzehrt werden.

## Artichoke Pie
(Artischockenkuchen)

8 Portionen
Zubereitung: 15 Minuten
Garzeit: 45 Minuten

2 EL Olivenöl
3 Knoblauchzehen, zerdrückt
450 g Artischockenböden, geachtelt
3 EL Currypulver
1/4 l Wasser oder Gemüsebrühe
1 Ei
250 g Ricotta
200 g Frischkäse oder Quark
Saft von 1/2 Zitrone
Salz, Pfeffer
1 Pie-Boden
(Rezept siehe Seite 41)

Den Backofen auf 200 °C (Gas Stufe 3) vorheizen.
Das Öl in einer Pfanne erhitzen und darin den Knoblauch anbraten. Die Artischockenböden und das Currypulver hinzufügen. Einige Minuten garen, dann mit Wasser oder Brühe angießen. Die Artischocken 10 bis 15 Minuten kochen, bis sie weich sind und die Flüssigkeit vollständig verdampft ist.
Eier, Ricotta und Frischkäse im Mixer verquirlen. Die Mischung auf das Gemüse geben und den Zitronensaft darüber träufeln. Mit Salz und Pfeffer abschmecken. Das Ganze gründlich mischen und auf dem Pie-Boden verteilen.
Die Pie 30 bis 40 Minuten im vorgeheizten Backofen backen, bis Teig und Belag goldgelb sind.

*Die Artischocke wurde um 1900 von Einwanderern aus Italien nach Kalifornien eingeführt. In Italien wird sie seit 2000 Jahren angebaut. Es gibt verschiedene Formen und Farben, die von grün bis violett reichen.*

## Raspberry Shortcake
(Himbeerkuchen mit Sahne)

OBEN
Shortcake *ist ein Klassiker der amerikanischen Küche. Er wird fast immer mit Erdbeeren zubereitet, doch eignen sich alle Beeren dafür. Besonders gut schmecken Himbeeren.*

8 Portionen
Zubereitung: 15 Minuten
Backzeit: 1 Stunde

1 125-ml-Becher Joghurt oder
125 g Quark
einige Tropfen Vanille-Aroma
3 Eier
300 g Zucker
250 g Mehl
1/2 Päckchen Trockenhefe
100 ml Traubenkernöl

Für die Füllung:
500 g Crème fraîche
100 g Puderzucker
300 bis 400 g Himbeeren

Den Backofen auf 200 °C (Gas Stufe 3) vorheizen. Eine Springform fetten.
Joghurt und Vanille-Aroma in eine Schüssel geben und mischen. Die Eier nacheinander unter Rühren zugeben. Den Zucker hinzufügen und das Ganze gut durchrühren. Mehl, Hefe und das Öl unterrühren.
Den Teig in die Backform füllen und im vorgeheizten Backofen 15 Minuten backen. Die Temperatur auf 180 °C (Gas Stufe 3) verringern und weitere 20 bis 25 Minuten backen (der Kuchen ist fertig, wenn an einer hineingestochenen Messerklinge kein Teig mehr haftet). Auf einem Kuchengitter abkühlen lassen.
Die Crème fraîche wie Schlagsahne aufschlagen, dabei den Puderzucker zugeben. Die Hälfte davon in eine Schüssel geben und 250 Gramm Himbeeren unterheben.
Den abgekühlten Kuchen waagerecht durchschneiden und die untere Hälfte mit der Sahne-Himbeeren-Mischung bestreichen. Die zweite Hälfte obenauf legen und mit einer dicken Schicht

## BEEREN IN ALLEN FARBEN

Beeren, gezüchtet oder wild, gibt es im Nordwesten der USA reichlich; diese Region erzeugt die Hälfte aller im Land verzehrten Beeren. Sie gehören zu den saftigsten der Welt und ihr Artenreichtum erstaunt immer wieder. Manchen Arten auseinander zu halten, erfordert Erfahrung und ein gewisses Gespür. Denn viele der Beeren ähneln sich tatsächlich sehr, so sind sich die *dewberry* (Sumpfhimbeere) und die *blackberry* (Brombeere) sehr ähnlich, ebenso *raspberry* (Himbeere) und *salmonberry* (Prachthimbeere). Man muss Experte sein, um die Plätze, an denen diese Beeren wild wachsen, zu finden und die seltensten Beeren zu bekommen. Das Beerenpflücken ist in diesem Teil des Landes geradezu ein Sport, ein bisschen wie das Angeln, weil es stets Überraschungen bereithält, Niederlagen zufügt, aber auch große Zufriedenheit vermittelt. Jeder kann Beeren suchen, genau wie Pilze. Es bedarf weder einer speziellen Erlaubnis noch einer Ausrüstung, allein die Natur ist Schiedsrichter. Als erster Preis wird sofortige Befriedigung der Sinne verliehen, wenn man eine dieser aromatischen Himbeeren oder Heidelbeeren genüsslich verspeist!

Der Anbau von Beeren ist ein wichtiger Erwerbszweig in diesem Teil des Landes. Die aus Beeren hergestellten Produkte füllen die Regale der Lebensmittelläden: Gelees und Marmeladen, typisch amerikanische Obstkuchen, wie zum Beispiel *strawberry shortcake* (Erdbeerkuchen), *pies* mit allen möglichen Beeren, wie *blueberry pie* (Heidelbeerkuchen), Süßigkeiten (getrocknete Beeren oder Beeren in Schokolade) … Eines köstlicher als das andere!

OBEN
*Kalifornische Erdbeeren sind schön, köstlich und in stattlichen Mengen vorhanden. Kalifornien produziert diese Früchte ganzjährig. 83 Prozent der Erdbeeren, die in den USA verzehrt werden, stammen aus diesem Bundesstaat.*

## Suppen



## Salate



## Pasta



## Fleisch



## Fisch

## Gemüse



## Saucen



## Sandwiches



## Gebäck



## Cocktails

# Spezielle Themen

# EINKAUFSQUELLEN

Die Zutaten für die Rezepte in diesem Buch finden Sie in der Regel problemlos in jedem gut sortierten Supermarkt oder in der Lebensmittelabteilung der Kaufhäuser. Vielfach gibt es sogar »Amerika-Regale«.
Für alle, die sich für spezielle Details des *american cookin'* interessieren, ist das Internet eine wahre Fundgrube. US-Shops offerieren nicht nur die typischen amerikanischen Lebensmittel, sondern auch Deko-Artikel für Halloween oder Weihnachten und eine Fülle von Wohn-Accessoires – angefangen von Küchengeräten über Diner-Mobiliar bis hin zu Shaker-Möbeln.
Bestellung online, per Fax und Telefon, Zahlung per Nachnahme, Bankeinzug oder Kreditkarte sorgen für einen bequemen und sicheren Einkauf.
Hier einige beispielhafte Shops, in denen das Stöbern sich lohnt und Spaß macht:

www.american-food.com – Tom's American Food, spezialisiert auf amerikanische Lebensmittel, bietet rund 430 Produkte – von Kaugummi bis zu Zutaten für Gourmet-Gerichte.

www.americanLifestyle.de – ausgesuchtes Lebensmittelsortiment, darunter Weine, Bier und Süßigkeiten, große Auswahl an Wohn-Accessoires.

www.americanshop24.com – US-Lebensmittel, Küchengeräte, Deko-Artikel, Mobiliar (Katalog per E-Mail oder Download).

www.coffeeFlavor.de – Kaffee, Sirups und Flavor-Sets zum Aromatisieren von Kaffee.

www.hunterhilsberg.de – Spezialist für US-Köstlichkeiten wie Ahornsirup-Produkte, Backmischungen, Käse, Kaffee, Saucen, Gewürze, Weine. Und Backformen für Pies (Katalogbestellung online).

www.usa-gourmet.com – feine kulinarische Spezialitäten aus Nordamerika.

# DANK

2nd Ave. Deli, New York, New York; Acacia Winerie, Napa Valley, California; Carol Allen; Alley's Store, West Tisbury, Massachusetts; Amish Acres, Nappannee, Indiana; Anchor Brewing Co, San Francisco, California; ArtCliff Diner, Vineyard Haven, Massachusetts; Bienvenue House, St. Martinville, Louisiana; Freiderike Biggs; Black Dog, Vineyard Haven, Massachusetts; Moisha Blechman; Joan Bliss; Barbara Bowman, info sleuth; Brennan's, New Orleans, Louisiana; Bethany & Johann Bultman; Caffe Vita, Seattle, Washington; Cajun Sugar Coop, Inc, New Iberia, Louisiana; Willy Cellucci; Laura Claverie, editor, neworleansonline.com, New Orleans, Louisiana; Commander's Place, New Orleans, Louisiana; Cowgirl Café, Santa Fe, New Mexico; Daggett House, Edgartown, Massachusetts; Dilettante Chocolates, Seattle, Washington; Fox & Obel, Chicago, Indiana; Claudia Gorbman; Johnnie Graham; Jaime Hamlin; Hotel Royal Sonesta, New Orleans, Louisiana; Philip & Mary Hyman; Diane Johnson; Rob & Joe Judice; Katz's Delicatessen, New York, New York; Pam Keeley; Peggy Knickerbocker; Konriko Rice, New Iberia, Louisiana; Langenstein's Grocery Store, New Orleans, Louisiana; Larsen's Fish & the Net Result, Menemsha, Massachusetts; Las Cosas Cooking School, Santa Fe, New Mexico; Laura Plantation, Vacherie, Louisiana; Lobster Tales, Oak Bluffs, Massachusetts; Bud Marschner; Martha's Vineyard Farmers' Market, Massachusetts; Keith, Sandy & Roger McArr; McEvoy Ranch, Petaluma, California; Paul C.P. McIlhenny und dem ganzen Team von Tabasco, Avery Island, Louisiana; Mother's Restaurant, New Orleans, Louisiana; New Orleans Media Services, New Orleans, Louisiana; Julie Norman; Oak Plantation, Vacherie, Louisiana; Richard Oltman, Port Townsend, Washington; Sarah & Irving Petlin; Susan Rappaport; Carol Rosofsky; Jon Rowley; Russ & Daughters, New York, New York; Annie & Ian Sale; Jan Shave & Bob Woolworth; Silverwater Café, Port Townsend, Washington; Stags' Leap, Sonoma Valley, California; Superdawg, Chicago, Illinois; Swan Oyster Depot, San Francisco, California; Taylor Shellfish Farms, Washington; The Coffee Shop, New York, New York; The Corner Bistro, New York, New York; Susie Trees; Union Square Farmers' Market, New York, New York; Uwajimaya, Seattle, Washington; Judy Vadasz; Alice Waters; Les Wisinger & Buzz Harper.

Dieses Buch wäre ohne die Hilfe und die wertvollen Ratschlägen all der Menschen, die uns begegnet sind, nicht möglich gewesen. Wir möchten ihnen herzlich danken und hoffen, dass die, deren Namen hier nicht aufgeführt sind, uns verzeihen.

Wir widmen diesen Streifzug durch die amerikanische Küche unseren Schwestern Janet und Mary Lou und unserer wertvollen Mitstreiterin Laurence Briscoe.

Titel der französischen Originalausgabe: Saveurs américaines
Ins Deutsche übertragen von Christiane Gsänger

Die Originalausgabe erschien 2002 bei


www.collection-rolf-heyne.de



Umschlaggestaltung: Hauptmann und Kampa Werbeagentur, München – Zürich
Layout: Sabine Houplain
Redaktion, Satz und Herstellung: Renate Weinberger, München
Druck und Bindung: Tien Wah Press

Printed in Singapore

ISBN 3-89910-227-4